A STUDY ON PRINCIPLE OF PRESUMPTION

推定原理研究

毛淑玲　著

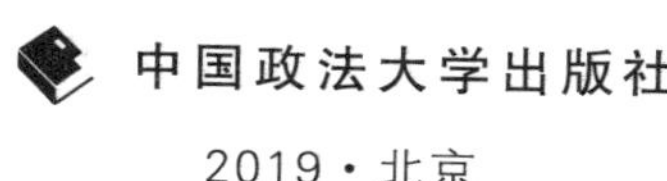
中国政法大学出版社

2019・北京

图书在版编目（CIP）数据

推定原理研究/毛淑玲著. —北京:中国政法大学出版社,2019.9
ISBN 978-7-5620-9219-3

Ⅰ.①推…　Ⅱ.①毛…　Ⅲ.①诉讼程序—研究　Ⅳ.①D915.180.4

中国版本图书馆CIP数据核字(2019)第221631号

出版者　中国政法大学出版社
地　址　北京市海淀区西土城路25号
邮寄地址　北京100088信箱8034分箱　邮编100088
网　址　http://www.cuplpress.com (网络实名：中国政法大学出版社)
电　话　010-58908437(编辑部) 58908334(邮购部)
承　印　固安华明印业有限公司
开　本　880mm×1230mm　1/32
印　张　7.75
字　数　181千字
版　次　2019年12月第1版
印　次　2019年12月第1次印刷
定　价　49.00元

本书由

大连市人民政府资助出版

The published book is sponsored
by the Dalian Municipal Government

本书为辽宁省教育厅2017年度服务地方项目“辽南地区刑事庭审实质化实践研究”（WF201783618） 成果之一。

摘 要

ABSTRACT

推定是一个横贯实体法与程序法的重要法律现象，是诉讼活动中裁判者认定案件事实的有效的法律方法和技术手段之一。推定除了应当遵守基本构成要件和法律逻辑规则，还会受到立法者法律价值判断或法律政策选择以及司法者司法实践水平等因素的影响和制约。本书力图从与相关法律现象或认知方法的比较中准确界定推定的概念，并通过分析推定的理论基础和运行原理，对推定的功能与存在价值重新进行解读，使推定能够在司法实践中充分发挥作用。

本书包括前言、五章基本内容以及余论：

第一章为有关推定基本问题的学说概述。在该部分中，作者简要介绍了推定的起源、概念、分类及功能。作为一种法律现象，推定的出现可远溯至上古。近现代英美法系的陪审团制度为推定制度的发展创造了条件，推定方法为法典或判例所采用，并逐渐成为一项证据法则。关于推定的概念，中外学者始终没有达成统一的认识。作者认为，明确推定概念的内涵应从事物之间的逻辑联系入手。推定是认定事实的一种方法。书中概要介绍了英美、大陆法系国家以及我国学者对推定概念进行分类的学说，将推定分为立法推定与司法推定两类更为合适。

另外，推定具有弥补证据证明之不足、保障公平、提高效率、推动诉讼顺利进行以及实现社会公共政策之目的等功能。

第二章为推定的界定。在这一部分，作者分别从“法律现象”和“认知手段”两个角度对推定及相关概念进行了比较，其中包括对推定与法律拟制、表见证明、法律行为解释、推理、间接证据证明等具体方法进行的比对，也包括对推定与自由心证、判例法等概念的相互关系进行的探讨。

第三章为推定的理论基础。作者着力从哲学、经济学和逻辑学的角度为推定制度的建构寻求理论依据。探讨推定的哲学根基，不仅可为推定的产生找到合理的本源，也可为该制度的成熟与完善寻求世界观和方法论的指导。从经济学的角度来看，任何法律制度和原则的设计，都应考虑资源的有效配置，满足经济学的“成本—效益”理论的要求。推定的适用是体现诉讼便利精神的理性选择，也是满足诉讼效益原则的必然要求。作者认为，推定的本质是推理，而推理是逻辑学的灵魂，推定的运用是以基础事实与推定事实之间所建立的逻辑关系为前提的。书中介绍了学界对推定的推理形式的几种不同理解，而作者认为可以将推定看作是一个可能模态推理。

第四章为推定的运行原理。本书认为，推定的运行原理包括事物间的“部分相关因”、概率以及直觉理论。基础事实与推定事实之间的“相关性”即指统计学中的“不完全相关”，更具体地是指“部分因”现象；概率理论能够揭示证据与案件事实之间的数量属性和逻辑关系，能够让推定这种事实认定方法获得可以量化的科学依据；直觉的本质是隐含的经验法则的凸显，在司法推定过程中，法官依直觉往往能够快速辨别证据的真伪，并建立初步信念来判定行动的方向和预设案件事实的结论。[1]

第五章为推定的运用。作者首先从推定的适用条件入手，认为只有做到基础事实严格确证、经验法则准确选择、救济方法科学到位，才能实现对推定方法的真正规制，使推定的效力从期待状态达到现实状态。接着作者探讨了推定适用的相关问题，如启动及适用主体、申请期限及告知程序等，并同时提出推定适用的相关原则，如“确立裁判者排除干扰原则”“在刑事领域的保守适用原则”“单级推定原则”“心证公开原则”“建立推定判例制度原则”等，力图使推定的适用步入合法、有效的轨道。本章最后对我国刑事、民事、行政立法、司法解释中的推定规范简要归类介绍，作为附录载于文后。

最后，作者将刑事法中的一项重要原则——无罪推定原则作为余论进行了研究。作者认为，从本质上讲，无罪推定不是推定，而是一种法律设定。设置无罪推定原则的理由蕴涵着重要的逻辑理性，即人人都享有一种先定的权利——无罪免证权。刑事推定契合无罪推定的思想，与有罪推定存在本质上的区别，刑事法中设立推定并不与“无罪推定”原则相悖。

---

〔1〕 龙宗智、衡静：“直觉在证据判断中的作用”，载《证据学论坛》2001 年第 1 期。

前　言

PREFACE

作为一种法律现象或是认知方法，推定的问世由来已久。但是学界对推定的研究却始终没有形成体系，有关推定的各种理论学说也并不成熟。在有些时候，人们对推定似乎有意选择回避，在涉及这一概念的法学论著里，作者们或是追崇权威观点，流于泛泛的评介，或是蜻蜓点水、浅尝辄止。学者们普遍觉得推定是一个非常棘手的课题，但是这种棘手并非源于其难，而是源于其乱。正如德国学者莱奥·罗森贝克所说的，推定的概念十分混乱。可以肯定地说，迄今为止人们还不能成功地阐明推定的概念。〔1〕

对于推定的理论定位，在学界也可谓见仁见智，有学者认为它是一种证明方法，〔2〕有学者认为它是一种诉讼活动，〔3〕更多的学者则视其为一项证据法则，往往在证据学的论域内予以

〔1〕［德］莱奥·罗森贝克：《证明责任论》，庄敬华译，中国法制出版社2002年版，第206页。

〔2〕裴苍龄："论推定"，载《政法论坛》1998年第4期。

〔3〕陈一云主编：《证据学》（第2版），中国人民大学出版社2000年版，第181页。

研究。[1]但这些观点基本上都是将推定界定为程序问题。笔者以为，推定的本源为纯正的民事实体法概念，比如在罗马法上即有关于死亡的推定、婚生子女的推定、要式买卖的推定、善意的推定、占有为所有的推定、占有意思的推定等规定[2]。另外，实体法也关注证明的实现。以是否由法律规定为标准将推定划分为立法推定和司法推定就是推定最有意义的分类之一，其中相当一部分立法推定的实质，当属实体法上的行为规范，具有适用的强制性，只不过是以程序性的语言表述而已。因此，推定不只是一个程序问题，同时也牵涉许多实体内容，它既包括一般原则，也涉及具体规则，是横跨民商、行政以及刑事实体法与程序法的联结点。推定之于现代法学，其地位不容忽视。

认定事实与适用法律是司法裁判的两个基本过程，而且事实认定是法律适用之基础，所以，建立一种科学合理的事实认定机制是各国法学理论界与实务界孜孜以求的目标。无论在任何国家，法庭需要确定某一案件事实时，无非采取两种方法，要么通过获取实际证据来证明，要么采取较容易的然而也是不精确的方法，即依靠先验的推定来证明。[3]推定是证明的重要辅助性方法。从历史发展的角度来看，推定由最初作为例外运用的规则，发展到现在比较完善的状态，并大量用于司法实践，经过了相当长的过程。推定的合理应用不仅可以提高法官的办案效率，实现诉讼经济原则，同时还可以保障当事人的合法权益，维护社会公共秩序，充分体现法治社会的公平正义原则。

---

〔1〕 Peter Murphy, *A Practical Approach to Evidence*, Blackstone Press, 1992, p. 88.

〔2〕 叶自强：《民事证据研究》，中国社会科学出版社 2007 年版，第 87~89 页。

〔3〕 [英] J. W. 塞西尔·特纳：《肯尼刑法原理》，王国庆等译，华夏出版社 1989 年版，第 485~486 页。

无论是在大陆法系国家还是在英美法系国家，推定都是证据制度乃至整个诉讼制度的重要组成部分，学者们对推定的研究也给予了充分的关注，包括对其概念的界定，对其分类的归纳，对其构成要素、功能、价值、效力等的探讨，也有学者从推定在刑事、民事诉讼中的运用入手，考察了推定的适用机制、规则及救济。研究一直在进行，但观点却始终没有统一，世界各国诉讼制度对有关推定的基本理论的认识不尽相同，甚至一国之内有关推定的基本理论亦争论不休，我国学界便是如此。在我国，诉讼活动中的推定更多地体现为一项重要的法律技术，尤其是在民事诉讼活动中。在刑事法律中，由于受“无罪推定”这一导向性法律原则的影响，推定在制度上以及司法实践中无从发挥其应有的作用。常常存在理论界对刑事法中推定“禁忌诸多，欲言又止”、实践部门面对法律实务不善于推定也不敢推定的现象，影响了司法的公正与效率。

本书是在笔者的博士学位论文（2008 年）基础上修改完成的，在当时，关于推定问题国内已有几部著作，从不同的角度对推定问题作了较为详尽的论述。相比之下，国外的论著更成熟一些，理论深度更进一层，尽管数量并不可观。就笔者所查阅的资料来看，无论是国内还是国外，很少有学者从哲学、经济学、逻辑学或统计学等社会、自然科学以及心理学等思维科学的角度探讨推定问题，更鲜有学者系统、全面地研究推定的基础理论及运行原理。人常言，隔行如隔山，不同的领域往往各行其道，各司其职，不会关注其他领域正在发生或即将发生的事情。殊不知，世间万事万物都是相互关联的，只是有些关联显而易见，人们便于发现和把握，而有些关联较为隐蔽，若不深入探求便不得其要领。而事实上，正是这些较为隐蔽的联系后面隐藏着一些规律性的要点，而对这些要点的探讨往往是我们最终解决难题的关键。

笔者以为，对任何一项法律制度的认识与构建，都需要从其最根本的理论基础入手。只有深入寻求该制度合理的本源，研究其内在的运行原理，才能为这一制度找到坚实的根基，也才能更好地探明这一制度的本质，发现其存在的真正价值和意义，进而消除理论混乱问题，最终形成体系。因此，本书试图通过与外围相关概念的系统比较，重新界定推定的内涵与外延，并就推定的哲学基础、经济学支撑、逻辑学原理等问题进行深入阐释，同时就推定运行所依据的事物间相关关系原理以及概率理论、直觉问题等全面予以分析，为推定在实践中的正当、准确运用铺就理论坦途。

但是正如邓子滨博士在他的论著《刑事法中的推定》序言中所言，因为没有成熟的理论框架可以参照，也没有比较公认的概念可以借助，更没有令人信服的结论可以发挥，所以，本书的研究只能是尝试性的、探索性的，所作的答案也难免偏颇乃至错误。〔1〕尽管如此，笔者仍然坚信对这一课题的研究是很有价值的，努力了或多或少总会有所收获。

出于完整性考虑，在理论阐述部分，本书将运用历史分析、比较分析的方法，但因本书立足于一个较新的研究角度，采用一种较新的研究方法，试图能够获得一个较新的研究结论，故本书也会适当运用经济学、统计学的计量和分析方法。同时，为保证结论的普效性，本书尽量选取具有代表性的案例进行实证研究。

需要坦言的是，笔者对推定问题的兴趣确已心存多年，其间不乏不断涌出的思想火花，但却与真正的“彻悟”始终相去

〔1〕 邓子滨：《刑事法中的推定》，中国人民公安大学出版社 2003 年版，绪论第 2 页。

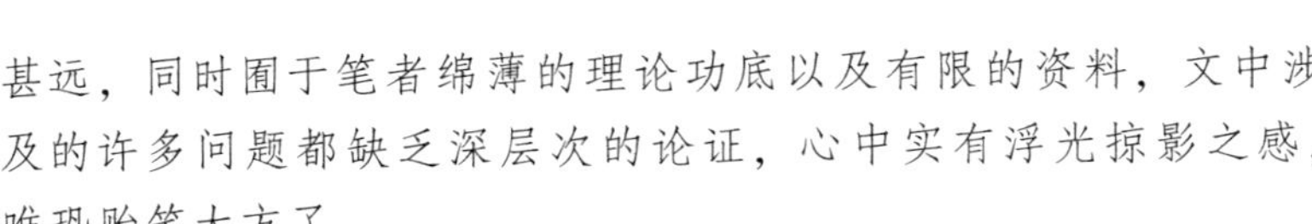

甚远，同时囿于笔者绵薄的理论功底以及有限的资料，文中涉及的许多问题都缺乏深层次的论证，心中实有浮光掠影之感，唯恐贻笑大方了。

本书获得2018年度大连市人民政府学术专著出版资助。书稿于交付出版之际，作者在内容调整、文字润色等稿件校审环节得到中国政法大学出版社刘知函、雷猛等编辑的大力帮助，在此对他们的辛勤付出致以衷心的感谢！

目　录
CONTENTS

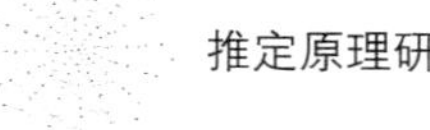

第一章

有关推定基本问题的学说概述

一、关于推定的起源

从非严格意义上来讲，“推定”与人们基于生活经验，从已知事物对未知事物作出的“推断”应属同义。自古以来，人们对于各种事物总是不断尝试从中获取经验又基于经验对其认为类似的事物作出相同的推断，因此克服种种困难，不但战胜了毒蛇猛兽，同时扩大了知识领域，建立了各种文明制度，累积成今日丰硕的文化。[1]所以说，推定的运用与人类文化、生产、生活的发展有着密切的关系，对人类整个文明的生活，实在扮演着重大的角色。[2]

（一）推定法律现象的诞生

作为一种法律现象，推定的出现应该说可以追溯至两河流域文明时期。古巴比伦的《汉谟拉比法典》第7条规定：“任何

〔1〕 王浦杰：“推定之理论及其问题研究”，载《法学研究报告选集》，第197页，转引自陈界融：《证据法：证明负担原理与法则研究》，中国人民大学出版社2004年版，第148页。

〔2〕 王浦杰：“推定之理论及其问题研究”，载《法学研究报告选集》，第197页，转引自陈界融：《证据法：证明负担原理与法则研究》，中国人民大学出版社2004年版，第148页。

在没有证人或者合同文书的情况下，于他人的儿子或者奴隶处购买白银、黄金、男女奴隶、斧头或者是羊、驴以及其他任何东西的人，或者为此负责的人，都将被视为盗贼且判处死刑。”〔1〕这其中已经孕育了具有现代意义的推定精神。一千多年之后，在西方文明的发源地古罗马，由于当时法学流派众多，各学说盛行，加上案例汇集丰富而庞杂，那里的法官们在对案件事实进行分析与认定的过程中，不仅可以借助学理或法条，还能借助事实自身的内容及相互之间的关系，自行辨其真伪，从而得出结论。后来，罗马注释法学家们以此为基础，抽象出了一系列基本原理，创立了各种罗马法学理论。此类原理很快被立法者所采用，所以英国学者斐斯克曾历史性地断言：“罗马人首创判例法”。公元前 5 世纪，罗马共和国元老会立法委员会在收集整理各种习惯法规则的基础上，制定了罗马第一部成文法——《十二铜表法》，其中第 4 表第 5 条就规定：“婴儿自父死后十个月内出生的，推定其为婚生子女。”〔2〕到了公元 6 世纪，集罗马法之大成的查士丁尼《国法大全》，更是将推定作为一种原则或法则运用到法律上。其中的许多规定，无不渗透着现代意义上的推定理念。当然此时的推定精神尚处于萌芽阶段，且经常与拟制混杂在一起，学界对推定缺乏完备的研究，更没有形成独立的理论体系。

在今天看来，罗马法上的推定大致包括以下几种：①死亡的推定。根据查士丁尼《国法大全》，互有继承关系的两人或数

---

〔1〕 原文“If anyone buy from the son or the slave of another man，without witnesses or a contract，silver or gold，a male or female slave，an ox or a sheep，an ass or anything，or if he take it in charge，he is considered a thief and shall be put to death.”见 https://baike.so.com/doc/5235582-5468420.html，访问日期：2018 年 12 月 24 日。

〔2〕 https://baike.so.com/doc/6297393-6510914.html，访问日期：2018 年 12 月 24 日。

人同时遇难死亡时，根据身体抵抗力的强弱，推定弱者先死，强者后死；当尊亲属和卑亲属同时遇难时，在没有可靠证明的情况下，如卑亲属为未适婚人，则推定卑亲属先死亡，如卑亲属为适婚人，则推定尊亲属先死亡。至于夫妻同时遇难，则推定妻子抵抗力弱，即使妻子死亡时比丈夫年轻，亦推定妻子先于丈夫死亡；〔1〕②婚生子女的推定。罗马法规定，除有反证，妻子在婚姻存续关系中受孕所得的子女，适用“母亲的丈夫就是子女的父亲”的原则，即为婚生子女；〔2〕③要式买卖的推定。罗马共和国末年，当事人为了便于提供证据，常把要式买卖的内容用书面予以记载。帝政之后，相沿成习，以致有记载要式买卖内容的书面材料即可推定其已履行了要式买卖的仪式；〔3〕④善意的推定。在罗马法上，占有行为的善意与占有原因的合法在举证责任上是不相同的。原因是否合法，应由主张方举证。而是否为善意则由对方证明，因法律推定一切占有人都是善意的；〔4〕⑤占有为所有的推定。罗马法规定，在“物件返还之诉”中，主张所有权的原告负举证责任，如果原告不能证明其权利，则作为占有人的被告即以管理物件之事实（体素）和占有的意思（心素），被推定为该物件之所有人或其他的合法权利人，得以继续保持对标的物的占有。〔5〕据此，耶林认为，在解决占有的纠纷中，不涉及所有权的问题，这就避免了举证的困难，故“占有实为所有的堡垒”。〔6〕但此项推定，不适用于为他人占有的情况。例如借用人、承租人和受寄人在借用、出租

〔1〕 周枏：《罗马法原论》，商务印书馆 1994 年版，第 119 页。
〔2〕 周枏：《罗马法原论》，商务印书馆 1994 年版，第 186 页。
〔3〕 周枏：《罗马法原论》，商务印书馆 1994 年版，第 317 页。
〔4〕 周枏：《罗马法原论》，商务印书馆 1994 年版，第 327 页。
〔5〕 周枏：《罗马法原论》，商务印书馆 1994 年版，第 348 页。
〔6〕 周枏：《罗马法原论》，商务印书馆 1994 年版，第 414 页。

或寄托期间，即使中途发生为自己占有的意思，亦不得因此而取得对该物件之占有权；[1]⑥对于不正当行为人不利益的推定。该推定常常适用于举证妨害之中，当事人湮灭或毁损证据时，推定为对该不正当行为人之不利益。

罗马法中的这些推定，在现代法治国家中仍有传承。比如，我国最高人民法院《关于贯彻执行〈中华人民共和国继承法〉若干问题的意见》第2条："相互有继承关系的几个人在同一事件中死亡，如不能确定死亡先后时间的，推定没有继承人的人先死亡。死亡人各自都有继承人的，如几个死亡人辈分不同，推定长辈先死亡；几个死亡人辈分相同，推定同时死亡，彼此不发生继承，由他们各自的继承人分别继承。"就体现了罗马法中"死亡推定"的精神。而我国《最高人民法院关于民事经济审判方式改革问题的若干规定》（已失效）第30条："有证据证明持有证据的一方当事人无正当理由拒不提供，如果对方当事人主张该证据的内容不利于证据持有人，可以推定该主张成立。"则可看作是罗马法"对于不正当行为人不利益的推定"的发展。

从当时的经济、文化发展水平以及法官的办案能力来看，罗马法中关于推定的这些规定，因其存在着明显的合理性和效益性，对于稳定社会秩序、发展社会经济起了非常重要的作用。当然，古罗马时期对推定的适用并不十分普遍，推定仅仅作为认定事实的一项例外原则，而且从另一个角度看，罗马法中的推定适用又缺乏应有的规制，具有很大的自由性。正如孟德斯鸠所指出的：罗马皇帝查士丁尼的推定具有极大的随意性。在有了消极的证据就已经够了的场合，他却要人提出积极的证据。

---

〔1〕 周枏：《罗马法原论》，商务印书馆1994年版，第464页。

在人们可以很自然地推定丈夫死亡的场合，他却要推定妻子犯罪，即遗弃丈夫的犯罪。[1]但不管怎样，横跨实体法和程序法的推定制度，已经在古罗马时期萌芽并初步建立。

在罗马法之后，意大利法学家又对推定理论作了进一步的研究，并依效力对其作出分类：一是强固的推定；二是薄弱的推定；三是中庸的推定。这就开辟了推定分类学说的先河。

（二）推定法则的问世

虽然将推定运用到法律中的情形可以远溯至上古，但为法典或判例所采用则是近 300 年以来的事。在近现代英美法系陪审制度下，法官对于陪审团多有担心，俟机建立法则以指导这些欠缺法律素养且易受偏见、同情及其他各种不当因素影响的陪审团成员，控制其对于证据的论断。于是在陪审制下的法官，基于原属于逻辑上的推论，建立了各种法则即推定法则，其因与证明的程序有关，遂成为证据法上的法则。[2]

18 世纪初，英国法院基于罗马法精神，始有推定的判例出现。1743 年的英国诉爱尔兰一案中首次使用了推定法则，自此英国学者对推定表现出浓厚的兴趣，并以推定的分类与效力为中心展开了持久而激烈的论争。随后，1804 年的《法国民法典》全面总结了先前的理论，将近代法学意义上的推定正式在成文立法上加以确定。该法第 1349 条明文界定推定的含义为法律或司法官依据已知之事实推断未知之事实所得的结果。[3]该法典

---

〔1〕［法］孟德斯鸠：《论法的精神》（下册），张雁深译，商务印书馆 1978 年版，第 182 页。

〔2〕 Mckelvey on Evidence， §53，Original of Rules. 转引自陈界融：《证据法：证明负担原理与法则研究》，中国人民大学出版社 2004 年版，第 149 页。

〔3〕《法国民法典》（下册），罗结珍译，法律出版社 2005 年版，第 1038 页。

第1350条〔1〕和第1353条〔2〕又分别规定了法律上的推定和非法律上的推定。此后各国的立法纷纷效仿，均在不同程度上肯定了推定理论。

19世纪上半叶，英国人史蒂芬起草了《印度证据法》，其中规定了无辜推定、死亡推定、所有权推定、婚生推定等推定内容。1968年，《英国证据法》问世。此时，关于推定的规定已比较完备，主要有无罪推定、推定的冲突、婚姻案件中失踪的推定与原配偶未死亡的推定等。如果说英国学者看重推定的法律效果、重视推定对举证责任和证明标准的影响，认为推定本身没有独立的研究地位，美国学者则认为推定在证据法学中具有独立的地位，证明责任和证明标准在某种程度上甚至附属于推定，有学者索性把证明标准放在推定中加以研讨。美国威格莫曾尝试将证据法则编为法典，其中包含了推定的一般规定、推定的效力与各种推定的内容，此外还就民事和刑事案件中的推定分别进行列举。法典认为，在无陪审制下，法院为免除当事人的举证负担，可借助于推定手段，因为这种法则是以人类的经验、行为及事件的通常过程为基础的。美国《模范证据法典》分别对推定的定义、基础事实的确立、推定的效力作了规定（第701条至第704条）。《美国统一商法典》中明确规定推定或假定是指事实的审理者必须发现该推定事实的存在，除非并且直接提出对该推定的不存在予以认定的证据。〔3〕其后的《统一证据法》分别规定了推定的定义、效力、不一致的推定等内容。除英、美国家之外，其他国家与地区也有关于推定的规

〔1〕《法国民法典》(下册)，罗结珍译，法律出版社2005年版，第1038页。

〔2〕《法国民法典》(下册)，罗结珍译，法律出版社2005年版，第1052页。

〔3〕陈光中、江伟主编：《诉讼法论丛》（第2卷），法律出版社1998年版，第475页。

则，比如，苏联《民事立法纲要》第 88 条具体规定：对公民的人身或财产造成损害，以及对组织造成损害，都应当由造成损害的人全部赔偿。造成损害的人，如果能证明损害不是由于他的过错造成的，则免除赔偿的责任。

（三）推定在我国法律中的出现

我国古代法律史上也同样出现了推定法则，如在董仲舒的《春秋决狱》中记载了这样的案例："甲父乙与丙争言相斗。丙以配刀刺乙，甲即杖击丙，误伤乙。甲当何论？或曰：殴父也，当枭首。论曰：臣愚以为，父子至亲也，闻其斗，莫不有怵惕之心，扶杖而救之，非所以欲诟父也。《春秋》之义，许止父病，进药于其父而卒，君子原心，赦而不诛。甲非律所谓殴父，不当坐"。在我们今天看来，这便是典型的司法推定。

另在《唐律·断狱·拷囚限满不首篇》中也有记载："诸拷囚限满而不首者，反拷告人。其被杀、被盗家人及亲属告者，不反拷……拷满不首，取保并放。违者，以故失论。"〔1〕这就是说，被告人经过刑讯达法定次数而仍不招认的，应当取保释放，否则就认为刑讯者主观上有过错，并予治罪。这可以说是我国古代法律史上的立法推定。

尽管推定在我国古代司法及立法上都有所体现和运用，但它却始终没有作为一项专门的制度或规则而受到重视，甚至在近代法律研究相对发达的阶段亦是如此。有学者认为，这可能缘于中国的传统法律文化缺乏自我更新的能力。数千年来尽管立法上也有种种变化，但却完全没有影响到整个法律文化的基本价值追求和保守的特质。〔2〕第一，我国从汉代的"罢黜百家、

---

〔1〕 樊崇义主编：《证据法学》，法律出版社 2003 年版，第 256 页。

〔2〕 梁治平等：《新波斯人信札——变化中的法观念》，中国法制出版社 2000 年版，第 194 页。

独尊儒术”，到唐以后的“大一统”，无不充斥着与西方高度自由民主精神相左的专治意识，这种思想下的法律文化，自然不会允许司法自治权的扩张，不会允许体现司法自治权的推定制度的建立及扩张。第二，同西方崇尚地方自治的政治观念相比，我国长达两千年的高度集权化的封建中央统治，也不可能为凸显司法个性化特点的推定制度铺就温床。第三，从某种意义上讲，推定与判例制度从一开始就是相随共伴的，判例及判例精神为推定的适用及推定依据的丰富提供了基础。我国是成文法国家，但我国的司法制度又有别于同样适用成文法的大陆法系国家，判例制度于我国始终没有市场，这也在一定程度上阻碍了推定规则的发展及推定制度的构建。另外，受历史因素造成的某些根深蒂固的思想观念的影响，推定在我国曾一度被认为是与实事求是的思想路线格格不入的、完全唯心主义的东西，人们甚至视推定为禁区，谈推定而色变。如果说还有所谓“推定”，那只有在相当长的历史时期中实践上无限膨胀的“有罪推定”。由此可知，我国法律没有对推定明确加以专门性规定，尽管以司法解释的形式规定了一些推定规则，但也存在明显的操作性上的不足。推定在理论上缺乏创见，在实践中亦步伐凝滞。

二、关于推定的概念

（一）关于推定概念的学说

尽管推定的历史比较悠久，但和许多有争议的法律术语一样，关于推定的概念始终没有一个统一的说法。

在《现代汉语词典》中，推定被解释为“经推测而断定”。〔1〕

〔1〕 中国社会科学院语言研究所词典编辑室编:《现代汉语词典 2002 增补本》，商务印书馆 2002 年版，第 1280 页。

在《法学大辞典》中，推定被表述为司法人员运用逻辑推理、分析认定方法，从已有证据或已知事实中推论有意义的未知事实的思维活动。是在司法实践中经常运用的审查判断证据、查明案情、迅速和正确处理案件的一种特殊方法。而《中华法学大辞典：诉讼法学卷》则将推定界定为根据另一事实的证明力或若干事实的证明力的总和，而假设某一事实的存在。[1] 在人们日常生活中，"推定"是一个通俗易懂的概念，推定即推而定之，但我们很少使用"推定"一词，偶尔在非法律领域的场合使用"推定"时，通常是指在没有十足把握的情况下作出的某种判断。这种判断的含义有三：一是已经作出了判断；二是对判断没有十足的把握；三是有必要作出这种判断。比如我们对某些传统节日或民俗（如端午节）的解释，就只能是依靠已有的史料来做出的不一定确实的判断。

各国学者、立法、司法判例也分别从不同的角度，在不同的意义上使用着"推定"，使其概念具有了不同的面向，概括起来有如下几种：第一，从事实之间的关系角度来看，认为推定描述的是某一事实或若干事实与另一事实或若干事实之间存在的特定关系。美国学者摩根持此观点，他指出推定即在描写一个事实或若干事实与另一个事实或若干事实之间的逻辑关系。某一事实即基础事实（甲），另一事实即推定事实（乙）。[2] 史蒂芬也认为，《美国联邦证据法》中的推定是指两项事实之间，或者一项事实与另一项结论连接，其中一项事实称之为已证事实或基本事实，另一项则被称为被推定事实或结论。[3] 第二，从事

[1] 《中华法学大辞典：诉讼法学卷》，中国检察出版社 1995 年版，第 582 页。

[2] ［美］摩根：《证据法之基本问题》，李学灯译，世界书局 1960 年版，第 57 页。

[3] 毕玉谦：《民事证据法判例实务研究》，法律出版社 1999 年版，第 333 页。

实认定的角度来看，认为推定是指法律对某种事实所做的，但允许当事人举证否认的一种认定。如《法国民法典》第1349条规定：推定为法律或审判员依已知的事实推论未知的事实所得的结果；[1]《意大利民法典》第2727条规定：推定是指法律或者法官由已知的事实推测出一个未知事实所获得的结果。[2]《加利福尼亚州证据法典》第600条规定：推定就是根据另一事实的证明力或若干事实的总和，假设某一事实的存在[3]；我国台湾地区现行“民事诉讼法”第282条规定：法院得依已明了之事实，推定应证事实之真伪[4]；英国学者认为，推定在证据法中，是指从其他已经确定的事实必然或可以推断出的事实推论或结论；[5]《美国统一商法典》第1-201条第31款规定：推定或假设是指事实的审理者必须发现该推定事实的存在，除非提出对该推定不存在予以认定的证据。[6] 第三，从推定与证明责任的关系角度来看，认为推定是法官用以决定诉讼中证明责任归属的装置。《美国联邦证据法》第301条规定：在所有民事诉讼中，除非国会制定的法律或本证据规则另有规定，推定只是课以当事人提供证据以反驳或满足该推定的责任，倘若没有履行说服义务则须承担风险的证明责任并没有转移给该当事人，该证明责任在整个审判过程中仍由原先承担此责任的当事人承担。[7]第四，从证据法则的角度来看，认为推定是一种运用证

---

〔1〕 叶自强：《民事证据研究》，中国社会科学出版社2007年版，第74页。

〔2〕 张卫平主编：《民事证据制度研究》，清华大学出版社2004年版，第154页。

〔3〕 叶自强：《民事证据研究》，中国社会科学出版社2007年版，第75页。

〔4〕 张卫平主编：《民事证据制度研究》，清华大学出版社2004年版，第154页。

〔5〕 ［英］戴维·M. 沃克编：《牛津法律大辞典》，邓正来等译，光明日报出版社1988年版，第714页。

〔6〕 张卫平主编：《民事证据制度研究》，清华大学出版社2004年版，第154~155页。

〔7〕 张卫平主编：《民事证据制度研究》，清华大学出版社2004年版，第154页。

据来认定事实的法则。例如我国学者认为，所谓推定，乃指由法律规定或者由法院按照经验法则，从已知的前提事实推断未知的结果事实存在，并允许当事人举证推翻的一种证据法则。[1]第五，从证明方法的角度看，认为推定就是一种证明方法，推定是证明事实的一种方法，也是司法证明中的一种方法。[2]

面对使用如此混乱的概念，难怪有人给以风趣之嘲讽：推定在法律术语之家族中，为最难捉摸之分子。[3]

（二）推定是一种认定事实的方法

进行司法裁判的前提有两个，一是确定可适用的法律规范，二是认定满足这一法律规范中行为模式构成要件的案件事实。法律规范通常已有明确规定，因此较易获得，而案件事实的不可再现性使得对它的准确认定似乎往往只能依靠证据证明。但是我们知道，在实际的诉讼活动中，有的事实要件，比如损害事实，可以通过直接证据或数个间接证据较为容易地得到证明，而有的事实要件，比如过错要件，证明起来却相当困难。通常来讲，任何人的行为都是在一种主观心态支配下的行为，这种心态和行为人的行为之间会存在某种联系，通过行为人的行为可以证明行为人的心态。[4]但这仅是一种理论上的认识。由于人的心态属于人的心理世界，非客观证据所能把握，内部事实，因其证明之对象，属于消极性，浮动性，抽象性。是其证明方法较窄，其真实性之程度亦较外部事实为低。[5]而且，在某些案件，诸如搁置物、悬挂物等致人损害的侵权案件中，由于行

---

〔1〕 江伟主编：《证据法学》，法律出版社 1999 年版，第 124 页。

〔2〕 裴苍龄："论推定"，载《政法论坛》1998 第 4 期。

〔3〕 李学灯：《证据法比较研究》，五南图书出版公司 1995 年版，第 249 页。

〔4〕 张卫平主编：《民事证据制度研究》，清华大学出版社 2004 年版，第 156 页。

〔5〕 陈朴生：《刑事证据法》，三民书局 1970 年版，第 198 页。

为人往往没有作为，所以根本无法从其行为来判断其主观心态。然而，从另一个角度讲，诉讼活动基本上是按照“谁主张谁举证”原则来分配证明责任的，若因受害人难以通过证据证明加害人的主观过错（“过错”是一般侵权行为构成的事实要件之一），就裁判受害人败诉，使得他们的权益因此而得不到法律的确认，显然会导致正义的天平发生倾斜。

辩证唯物主义告诉我们，世界万事万物都是相互联系的。因此，当直接证明某一事物甲曾经存在过确实比较困难时，倘若能发现该事物与另一事物乙之间存在某种联系，而如果证明与之相联系的另一事物乙曾经存在过又比较容易，无疑就可以通过先证明比较容易证明的乙事物进而推导出甲事物。[1]因此，在诉讼活动中，如果当事人对证明其事实主张（我们称之为待证事实）存在相当的困难，而他所能够证明的事实（我们称之为基础事实或前提事实）与待证事实之间又存在一种近乎必然的联系时，我们就可以运用推定方法获得待证事实的存在情况(即成为推定事实)。

然而，尽管我们知道世界万事万物是相互联系的，但是却无法知道万事万物之中的此事物与彼事物之间有没有逻辑联系。如果有，又是一种怎样的联系。这种联系是暂时性的还是永久性的。我们知道，自然界事物之间的逻辑关系是有规律的，而诉讼中纠纷事实之间的逻辑关系往往是在人的意志控制下形成的，受人的主观能动性的影响较大，所以常常变动不居。那么是不是就说明人们不可能获取对这些逻辑关系的认识了呢？答案是否定的。长期的实践证明，尽管纠纷事实之间的逻辑关系确实不同于自然界事物之间的逻辑关系，通常不会永远固定不

〔1〕 张卫平主编：《民事证据制度研究》，清华大学出版社2004年版，第156页。

变，但是这并不排除某些纠纷事实之间的逻辑关系在某些情况下仍然比较固定。因此，只要能够确认某两个或两类纠纷事实之间存在固定的逻辑关系，通过转换证明对象进而降低证明难度的愿望仍然可以实现。笔者认为，推定恰恰是这样一种方法——为了弥补证据证明之不足，当事实不清且难以证明，但基于某种需要又必须确认事实的局面出现时，人们根据事物（情况）间的常态联系或出于某种价值选择，由一种情况的存在状态来认定另一种情况的存在状态，而无须主张后者的一方当事人提供证据证明的特殊的认定事实的方法。

三、关于推定的分类

如同对推定概念的认识一样，关于推定的分类也存在众多的争议。

（一）国外学者关于推定分类的主要观点

就推定的适用主体及适用范围而言，两大法系存在不同看法。英美法系国家的学者一般都主张推定应包括事实上的推定（由司法者依据一定的规则作出的推定，笔者注）[1]。他们认为，法律上的推定（由法律明确规定的推定，笔者注）[2]仅可存在于非刑事诉讼中，而事实上的推定则可以存在于所有诉讼中。[3]因此，结合推定的效力，英美法传统上将推定分为三种：不可反驳的法律推定、可反驳的法律推定和可反驳的事实推定。[4]

---

〔1〕 即笔者所指的司法推定，下同。

〔2〕 即笔者所指的立法推定，下同。

〔3〕 李浩：《民事举证责任研究》，中国政法大学出版社 1993 年版，第 184 页。

〔4〕 沈达明编著:《比较民事诉讼法初论》（上册），中信出版社 1991 年版，第 272 页。

1. 不可反驳的法律推定

这种推定不允许通过反驳予以否定，因此它在本质上是用程序法语言表达的实体法规则。[1]例如，英格兰的一项继承规则是：当两个以上具有继承关系的人死亡，但不知死亡先后顺序的，推定年长者先死亡。

2. 可反驳的法律推定

该类推定成立的条件是没有别的证据与被推定的事实相冲突。它只能为案件事实提供表面看来确实无疑的证明，但这种证明可以被否定它的证据或更有力的相反的推定所推翻。[2]例如，父母以子女的名义购置财产的行为推定为赠与，而非信托；我国民法中对失踪满 4 年的人推定死亡等。

3. 可反驳的事实推定

可反驳的事实推定亦称暂时性推定，即从已经证实的事实中推出结论。法律并不要求裁判者必须作出这种推定，而只是提醒他们可以作出这种推定。例如，对占有者是财物的合法所有者的推定，以及对在特殊情况下财物占有权经过一段时间便可产生财产所有权的推定，等等。

大陆法系的诉讼理论仅在广义上承认事实上的推定，他们将事实上的推定亦称为法院的推定或裁判上的推定、显而易见的推定或表见推定、非法律上的推定等，而认为真正意义上的推定仅仅是指法律上的推定。《法国民法典》第 1350 条对法律上的推定作出界定：法律上的推定是指，由特别法对某些行为和某些事实赋予的推定，例如：①法律仅仅依据行为的性质，即推定其违反法律规定而宣告无效的行为；②法律宣告由某些

---

〔1〕［英］J. W. 塞西尔・特纳：《肯尼刑法原理》，王国庆等译，华夏出版社 1989 年版，第 486~487 页。

〔2〕叶自强：《民事证据研究》，中国社会科学出版社 2007 年版，第 76 页。

特定情节引起的取得所有权或者解除债务的情形；③法律赋予既决事由的权威效力；④法律赋予当事人的自认和宣誓的效力。《法国民法典》第1353条：并非由法律设置的推定，由司法官依其明见与审慎自定之；司法官仅应承认重大的、准确的、前后相互一致的推定，且仅在法律允许用证人证言的情形下才能作出此种推定，但如证书因欺诈之原因受到攻击时，不在此限。〔1〕

就推定的性质而言，英美法系和大陆法系国家的学者大都认为推定是由基础事实出发而对推定事实的一种假定。法律推定是由法律明文规定的推定，具体是指，当某法律规定（A）的要件事实（甲）有待证明时，立法者为避免举证困难或举证不能的现象发生，明文规定只需就较易证明的其他事实（乙）进行证明，当事实获得证明时，如无相反的证明（即甲事实不存在），则认为甲事实因其他法律规范（B）的规定而获得证明。〔2〕法律推定的本质在于，通过证明前提事实的存在使某法律效果的要件事实之一（推定事实）也获得证明。事实推定是法律推定的对称，指法院依据某一已知事实，根据经验法则，推论诉讼中需要证明的与之相关的另一事实是否存在。

这些学者认为，事实推定区别于法律推定的明显标志在于无法律明文规定。当事实推定上升为法律规定的推定时，就成为法律推定。事实推定能否上升为法律推定，取决于立法者对某一类推定的预见程度。在性质上，凡法律推定，法院必须适用，而事实推定则由法院酌情确定是否适用。

在是否存在不可推翻的推定方面，国外学者同样有两种截

---

〔1〕 沈达明编著：《比较民事诉讼法初论》（上册），中信出版社1991年版，第312页。

〔2〕 骆永家：《民事举证责任论》，商务印书馆1981年版，第76页。

然对立的观点。英美法系国家的多数学者主张，推定包括结论性推定、说服性推定、证据性推定和临时性推定四种。〔1〕其中结论性推定是不能用证据加以反驳的，属于不可推翻的推定。〔2〕后三种推定则均可经提供证据反驳而被推翻。而苏联学者对此持相反观点，他们认为，在苏维埃民事诉讼中，不存在不容反驳的证据推定，任何假定，都可以用诉讼证据加以反驳。〔3〕

（二）我国学者关于推定分类的主要观点

我国学者对推定的问题也有两种几乎对立的观点。

第一种观点认为，推定即法律上的推定，它是根据法律的规定，基于一定的事实，应当假定另一事实的存在。持此观点的学者认为推定即使具有合理性，也并非都符合实际，从理论上讲，应允许对推定进行反驳、争议，举证责任由提出反驳的一方当事人承担。如果否定者提出的证据足以推翻推定的事实，就排斥推定的适用，而确认由证据所证明的事实。

由此他们把推定分为可争议或可反驳的推定和不得争议或不得反驳的推定两种。不得争议或不得反驳的推定有时又称为结论性推定或决定性推定，其实质是“法律规则”“实体性规则”或“法律拟制”。对那些法律条文上使用了“推定”一词但不能争议或反驳的，应依其具体内容来确定为何种规定，而不能作为推定的一种。〔4〕这些学者认为，法律上的推定与司法机关办理案件的逻辑推理也有区别。司法机关基于已知事实通过推理对应予确认的未知事实的推断，应称之为“推理”或

〔1〕沈达明编著：《英美证据法》，中信出版社 1996 年版，第 68 页。

〔2〕［美］摩根：《证据法之基本问题》，李学灯译，世界书局 1982 年版，第 57 页。

〔3〕［苏］特列乌什科夫：《苏联民事诉讼中的证据和证明》，第 62 页（转引自手抄本，出版社及出版时间不详）。

〔4〕陈一云主编：《证据学》，中国人民大学出版社 1991 年版，第 164 页。

"推论"，而非"推定"。

第二种观点认为推定可按不同的标准分为法律推定和事实推定、可反驳推定和不可反驳推定、实体事实的推定和程序事实的推定等。在持此观点的学者看来，事实推定即司法推理或逻辑推论。事实推定所依据的经验可上升为"法则"，事实推定本身也可经过立法确认成为法律推定；能否反驳的划分是相对的，能否反驳不仅取决于推定的内容，而且取决于立法者对这一推定的合理程度及其价值的认识，如果该推定具有极大概率的正确性，立法者认为对其例外可忽略不计，则可将其绝对化；对实体事实的推定有能力推定、意思推定、责任推定等，对程序事实的推定则有对证据事实的推定和其他一般程序事实的推定。

也有学者将拟制分为两种，第一种是将无作有或将有作无，这是真正意义上的拟制，不允许反驳。第二种是对不明事实确定为真或假、有或无，〔1〕这种拟制实际上就是法律推定，应当允许反驳，但法律基于某种原因，有时可能将其绝对化，不允许对其进行反驳而已。〔2〕

（三）科学的分类应基于对概念的准确界定

笔者以为，对推定的分类要建立在对推定概念的明确界定之上。按照笔者的认识（见前文），推定应该是基于事物间的常态联系或某种价值选择，由一种情况的存在状态来认定另一种情况的存在状态的认定事实的特殊方法。对推定所做的最基本的分类应该是立法推定和司法推定（前者是由立法者以法律条文的形式作出的，后者则是由司法者在诉讼活动中依据一定的

〔1〕 宁汉林："论无罪推定"，载《中国社会科学》1982 年第 4 期。

〔2〕 陈桂明："论推定"，载《法学研究》1993 年第 5 期。

规则进行的)。虽然学界有将立法推定称为法律推定、将司法推定称为事实推定的习惯，但笔者以为，这种使用习惯缺乏对概念的科学表述而容易制造歧义，故应予以避免。因为，严格来讲，无论是由法律明确规定还是由裁判者自由裁量，推定的对象均应指向“案件事实”，亦即都是对于事实的推定，所以最好不要将司法者的推定活动称为“事实推定”，相应地，“立法推定”也比“法律推定”更贴切。另外，某些学者依推定的内容将推定做了“对事实的推定”“对权利的推定”“对法律关系的推定”等划分。[1]笔者以为，无论是权利状态还是法律关系状态，其实都是一种事实，所以这种划分没有实质意义（但为了讨论的需要，笔者在后文中也会借用到这种划分)。至于可否反驳、是否具有强制性、实体事实还是程序事实等区分标准都不具有根本性，对于明确推定的概念这一原则性问题而言均为细枝末节，当然为了纯学理研究可以如此细致划分。

在对待立法推定与司法推定的关系的问题上，有学者认为，司法推定依据的是法官的经验，当此经验上升为“法则”而被立法者采用时就出现了立法推定。从两者的演变过程看，事实推定（司法推定，笔者注）在先，法律推定（立法推定，笔者注)[2]在后。法律推定是事实推定的法律化、定型化，事实推定是法律推定的初级阶段，有待于上升为法律推定。[3]笔者对此观点不完全赞同。这两种推定都要依据经验，经验的本质是一样的，没有理由认为立法者的经验要高明于司法者。当然，的确存在将事物之间某些较为稳定的联系作为“法则”由立法

---

〔1〕 陈界融:《证据法:证明负担原理与法则研究》，中国人民大学出版社 2004 年版，第 156 页。

〔2〕 后文若无特别交代，“法律推定”与“事实推定”均分别指“立法推定”与“司法推定”。

〔3〕 江伟主编:《证据法学》，法律出版社 1999 年版，第 138 页。

固定下来，从而成为立法推定的依据的情形。比如很多国家的法律都规定，当一个人已经失踪若干年（4 年、5 年或 7 年）之后，法院便可以推定那个人已经死亡，因为在一般情况下，这么多年一直音信杳然、下落不明的人，往往已经死亡了。〔1〕但是笔者认为，立法推定与司法推定二者之间的这种关系并不是它们根本性的区别。也就是说，经验的可靠程度和可反驳程度并不是区分二者的关键性标志，关键性标志应在于立法推定在某些时候（而且是绝大多数时候）依据的是经验之外的东西。“从法律推定来看，其设立根据常渗透了立法者对诉讼经济、社会政策、价值取向等因素的考虑，不仅具有不确定性，甚至不完全符合证据裁判主义，但是为了达成立法上所追求的价值目标，可以把它作为特定情况下对客观真实原则的补充。”〔2〕

四、推定的功能

从根本上看，任何法律制度的设置及应用都以实现一定的法律价值为基本点和归属点，刑事诉讼制度亦莫能例外。〔3〕推定既然作为一种认定案件事实的特殊方法而在诉讼活动中占据一席之地，必定要能体现一定的法律价值，发挥必要的司法功能。

（一）弥补证据证明的不足、拓增认定案情的手段

波斯纳认为，发现事实受四种因素影响：事实发现能力的限制；发现客观事实的主观路径；追求客观真实与其他价值目

---

〔1〕 何家弘主编：《证据的审查认定规则示例与释义》，人民法院出版社 2009 年版。

〔2〕 齐树洁、王晖晖：“证据法中的推定问题研究（一）”，载《河南公安高等专科学校学报》2002 年第 2 期。

〔3〕 王兆鹏：《美国刑事诉讼法》，北京大学出版社 2005 年版，第 493 页。

标之间的平衡；事实发现的成本。[1]无限的物质世界通常仅有一部分能够进入人们的生活范围，而进入人们生活范围的物质世界通常又仅有一部分能够被人们所感知，因此人们想要以有限的生命去认识无限的物质世界，这本身就只能是一种无法实现的幻想。在诉讼活动中，不仅有客观因素的限制，人类的认识能力及认识手段往往还受制于法律规定、程序要求、道德标准等因素的共同作用，所以人们对案件事实的认识只能不断接近客观真实，而永远不可能达到完全的客观真实。

从诉讼中之证明对象上看，有些内容必须用证据证明，有些内容无需用证据证明，而有些内容无法用证据证明。如果不论情况，对案件牵涉的所有内容都强求人们以有限的认识能力和水平予以充分证明，显然是不切实际的要求。例如，几个辈分不同的人在同一事件中死亡，死亡人又各有继承人，在没有证据证明而又要求只能用证据证明死亡人死亡时间的先后时，要解决继承问题就麻烦了。再如，按照我国刑法理论界的主流观点，构成犯罪必须具备主体、客体、主观方面、客观方面四个要件，相对于其他三个而言，犯罪的主观方面属于人类心理世界，具有不可为他人直接感知的内隐性，若以证据对其是否明知、是否故意、有无目的性进行证明，当属困难至极。所以人类必须突破认识方法上的局限性，在兼顾真实、公正、效益等多元诉讼价值的前提下，努力开发认定案件事实的新渠道。推定就是这样的渠道之一，它使人类的认识范围由客观领域进入到主观领域，由对外部世界的认识推进到对人类心理世界的认识。推定拓展了人类的认识空间，提高了人类的认识能力，也解决了诉讼中的实际问题。比如在上例中，如果我们运用推

---

〔1〕［美］理查德·A. 波斯纳：《证据法的经济分析》，徐昕、徐昀译，中国法制出版社2004年版，第5页。

定方法，通过对“死亡顺序的推定”，认定长辈先死亡，继承问题便可迎刃而解。而刑法当中对于“明知”“故意”的推定，基于“持有”而为的推定均说明了这个问题。

另外，推定是一种建立在盖然性基础之上认定案件事实的方法，这种盖然性表现在，推定促使认识手段扩及自然科学、社会科学乃至思维科学等各个领域上，例如借助统计学之相关性理论、概率原理，借助逻辑学的基本规律及推理规则，借助人类经验科学，在已知事实和证明对象之间建立一种联系，对案件事实的认定方法由定性分析发展到定量分析等。这样也就使人类避免了单纯依靠证据证明的艰苦过程，对事物之间联系的认识更加精确和深化。

（二）促使证明责任合理分担、保障公平与正义的实现

证明责任发生作用的前提是作为裁判依据的法律要件事实真伪不明。在通常情况下，当事人对自己的主张都应负证明责任，并且在证明方式上应坚持以证据证明。但因个案性质千差万别，当事人距证据之远近、把握证明对象的难易程度等各不相同，如果当事人没有能力提出证据或有证据但不足以证明该法律要件事实的存在与否，是否就等于该当事人的主张因证明上的瑕疵而一定不能予以支持了呢？显然，若严格依照刚性的法律，恐怕只能出现这种令人遗憾的无奈局面了。那么，有没有什么能够免除这种证明的方法，从而使当事人避免因没有相应的证据证明所带来的不利后果，使我们的刚性裁判具有一些柔性和人情味呢？回答是肯定的，推定即为一种有效的免证之策。在特定情况下，允许用推定代替证据证明，可以直接减轻一方当事人的证明负担，且这是符合公平正义的司法理念的。如“父死后出生的子女，视为该父所生的子女”的推定，若有诉求为该子女为其母之夫所生，因“夫”已死亡，求其举证实

属强人所难，也有失公平，而适用推定，即能尽克其弊，同时也符合公序良俗。

推定的直接作用是卸除一方当事人的举证责任。对于实践中确非因自身原因而造成的，诉讼一方或双方难以获得有关案件事实的直接证据的情况，如果允许当事人以掌握的间接证据（基础事实）举证，依据事物之间的高度盖然性联系，通过推定的方式获知案件事实，则可以避免当事人碍于客观原因举证不能而招致不公平的败诉结果。有这样一个案例，一女青年将出租车司机告上了法庭，要求该司机就其人身损害予以赔偿。该女青年诉称，她于某日晚 11 点多搭乘了一辆出租车回家，上车后告知了司机停车的地址即其居住地位置。但是该女丧失了其后一段时间的记忆。她在法庭回忆称，自己醒来时发现躺在离家还有 1000 米远的冰冷的路边。她起诉司机的理由是，上车后自己癫痫病发作，司机没有采取正确的措施，而是就近将其遗弃在路边。审理中，司机辩称乘客系自愿下车。双方当事人出现了矛盾的陈述，女青年也无法直接证明自己的主张。在本案中，可证实的（无争议）事实包括“晚上 11 点多”“单身一人”“告知了居住地位置”“离家 1000 米下车”“患有癫痫病”等。为公众所认可的经验法则是，“一般人不可能很晚独自回家时在离家还有很长距离处下车”。因此，法院根据这两个前提条件，免除了该女青年的证明责任，做出了“司机存在过错”这一于司机不利的推定，我们说这样的事实认定是符合司法公正理念的。

另外，在某些诉讼中，有时会出现证据资料被一方当事人所掌握，而另一方当事人无法从对方处获得有利于自己的证据的情况。如在医疗责任事故中，由于专业知识所限，原告就医疗行为及其与损害事实之间的因果关系常难以提出证据并进行证明，有关的医疗诊断记录等证据也被保存于被告一方，原告无法取得或难以清楚明白地说明有关事实。在此情况下，若法院以原告未尽主张事实之举证责任为由，使其遭受裁判上的不利益，显然有违诉讼公平与正义。[1]针对这一情况，除规定当事人的证据开示请求权外，还可通过推定制度免除原告的举证责任，间接加重被告的辩解义务，以贯彻诉讼上武器平等和风险平等的原则。这一精神在我国相关司法解释中已有所体现。例如1998年《最高人民法院关于民事经济审判方式改革问题的若干规定》（已失效）第30条即为“拒证之不利推定”：“有证据证明持有证据的一方当事人无正当理由拒不提供，如果对方当事人主张该证据的内容不利于证据持有人，可以推定该主张成立。”

司法公正包括实体公正也包括程序公正。程序公正的实现要求当事人在程序面前人人平等，而程序的平等性又内在地要求当事人在诉讼中的地位平等，公平地分配举证责任，使当事人有均等的胜诉机会。诉讼程序是争议双方解决纷争的程序机制，它必须尽可能地确保当事人在诉讼上的平等地位，必须排除当事人在证据资料提出上可能出现的障碍，以实现举证责任的公平分配。通过推定方式，适当地调整举证责任的分配，能够促使对方当事人协助提供相关事实，以保证诉讼之公平正义。至于如何调整诉讼双方的举证责任，尤其在欠缺法律规定但又显失公平的情况下，必须由法官根据具体案情做出判断。[2]

（三）提高诉讼效率、推动诉讼顺利进行

“在司法实践中推定的主要作用是减少不必要的证明和避免

〔1〕齐树洁、王晖晖：“证据法中的推定问题研究（一）”，载《河南公安高等专科学校学报》2002年第2期。

〔2〕齐树洁、王晖晖：“证据法中的推定问题研究（一）”，载《河南公安高等专科学校学报》2002年第2期。

难以完成的证明，免除或转移举证责任。具有降低诉讼成本，提高诉讼效率，维护社会关系稳定等功能。”[1]

适用推定，首先可以使相关当事人卸除其所承受的但又属非必要的证明负担。王浦杰先生曾言，在系争事实中，对于非属于严重争执之主题，可运用推定以避免不必要之举证，此乃基于诉讼程序上之便利。摩根也曾表述过类似的观点：某管辖区内之刑事诉讼，控方原须证明某人精神健全而无可为合理之怀疑者，现则推定某人之精神健全。[2]通过推定，改善证据证明对案件事实构成要素中主、客观之某些方面无能为力的现状，避免推定之事实因证据缺乏而产生程序上之僵局，减少了不必要的举证，实现案件整体证明标准，从而可以节约诉讼资源，加快诉讼进程，达到诉讼经济的目标。如欲认定失踪人是否确已死亡的事实，若进行调查，往往需要花费大量时间和精力，且通常也无法查清。在此情况下，通过运用推定来认定案件事实，可避免诉讼陷入僵局，排除当事人举证及法院调查证据的困难。正如台湾学者韩忠谟所说：“负举证之责者如何运用其攻击方法，亦即如何提出其证明方法以尽其责任，乃一高度技术问题，须视实际案情及可能用以证明之资料如何而定。在若干情形下，实行攻击或防御之当事人如有法律上推定可资，以代替证明，则颇轻而易举。”[3]

正确合理地运用推定方法，可以避免法律关系的不稳定状态，防止出现对于推定之事实无从获得合法适格的证据的困境，能够保障及时推进诉讼顺利进行。在某些案件中，查明案件事

---

〔1〕何家弘：“论司法证明中的推定”，载《国家检察官学院学报》2001年第2期。

〔2〕［美］摩根：《证据法之基本问题》，李学灯译，世界书局1982年版，第58页。

〔3〕肖胜喜：《刑事诉讼证明论》，中国政法大学出版社1994年版，第117~118页。

实所需的证据由于客观原因而永远无法获取。例如数人在飞机失事、船舶沉没等突发性的灾难中死亡，如何确定死亡顺序关系到继承人或受遗赠人的权利，也关系到受益人于保险合同上的权利。如果法院因为无法查明事实而拒绝或延迟做出裁判，则有悖于国家创设民事诉讼制度的宗旨，同时也导致民事法律关系难以确定。证明活动无法进行，但是某些实体法上的财产权益等又必须加以确认，诉讼不可能无限期拖延，否则社会关系就会处于不稳定的状态。〔1〕因此，从维护诉讼秩序和法律关系稳定的角度出发，以推定的方式确定某种事实状态的存在或消灭，有利于社会秩序稳定和健康发展。

（四）实现社会公共政策之目的

与司法推定相比，立法推定常常可以被用来表达立法者所倡导的某种价值取向，或促进立法者提出的某项社会公共政策的实施。〔2〕公共政策主要是指尚未被整合进法律之中的政府政策和惯例，反映了社会对于何谓社会之善的普遍观点。〔3〕具体而言，公共政策是国家机关和政治团体为了实现某种政治目的、管理公共事务、配置公共资源、分配公共利益，而制定和实施公共行为准则的过程和结果。其客体是公共事务，包括社会问题、公共项目、公共资源、公共利益等，其政治目标取向是维持整个社会的稳定，促进整个社会的发展。〔4〕立法者可以根据

〔1〕毕玉谦：《民事证据法及其程序功能》，法律出版社 1997 年版，第 170 页。

〔2〕赵钢、刘海峰："试论证据法上的推定"，载《法律科学（西北政法学院学报）》1998 年第 1 期。

〔3〕［美］E. 博登海默：《法理学：法律哲学与法律方法》，邓正来译，中国政法大学出版社 1999 年版，第 465 页。

〔4〕吴元其等：《公共决策体制与政策分析》，国家行政学院出版社 2003 年版，第 4~5 页。

不同的社会现实、不同的法律价值需求，本着实现社会公共政策之目的，对基础事实与推定事实之间的联结作出不同的规定。因此，立法推定往往被打上了深深的公共政策需求的烙印，在一定程度上限制了司法人员的自由裁量权。也正因此，立法推定与司法推定相比，可预见性与唯一性的特点便非常突出。例如，关于婚生子女的推定即表达了立法者希望减少和消除非婚生子女的意图，体现了国家对婚姻的合理干预和对未成年人的保护，以及追求婚姻关系稳定的公共政策；从公然占有达到一定期限来推定占有者享有所有权，则体现出立法者希望维护稳定的社会经济秩序和保持所有权关系的有序性；在道路交通事故赔偿案件中，推定非车主驾驶者是经车主的同意才驾驶车辆的，显然是为了使交通事故的受害者的求偿权能够得到更多的保障，同时也是为了督促汽车所有人谨慎挑选驾驶者以维护交通安全。〔1〕

当然，一项推定制度的创设往往并不只基于一个方面的原因，而是基于诸多方面的共同要求。例如婚姻关系存续期间出生的子女是婚生子女的推定，其设立理由就可能包括：其一，符合公众经验法则，也满足认定事实标准的盖然性优势要求，婚姻关系存续时出生的子女依常理应为婚生子女。其二，提供证明是婚生子女的合法适格的证据，往往需要经过鉴定等较为复杂的过程，基于成本比量，实属不经济、不必要的举证。其三，满足社会公共政策追求婚姻关系稳定、个人与家庭协调发展的社会目标。〔2〕罗纳德·J. 艾伦教授也曾举车祸中亲属死亡

〔1〕 秦策："美国证据法上推定的学说与规则的发展"，载《法学家》2004 年第 4 期。

〔2〕 齐树洁、王晖晖："证据法中的推定问题研究（一）"，载《河南公安高等专科学校学报》2002 年第 2 期。

的案例，表示确定死亡顺序将影响遗产分配的方式与份额，但是案例中恰恰缺乏谁先死亡的证据，法律因此而创造了推定，从而打破了这种因无法证明而形成的法律僵局（impasse），也避免了按照一般证明责任规则处理案件所可能造成的不公正。[1]

---

〔1〕 Ronald J. Allen："Rethinking the presumption of civil lawsuit", *Lowe Law Review*, 1981, p. 844.

第二章

推定的界定

一、推定与相关概念的比较（一）——基于一种法律现象

（一）推定与法律拟制

推定与法律拟制是逻辑学中两种非常近似的方法，也是法学领域两个相互关联的专门术语，二者存在本质上的区别，但由于神离貌似，在法学理论研究及司法实践中常常被混淆使用。

1. 法律拟制

（1）法律拟制的内涵及渊源。法律上的拟制按照《牛津法律大辞典》的说法是指任何隐瞒或倾向于隐瞒一种规则已发生变化，其文字虽未变，但其作用却被修改了的事实的拟制。简而言之，就是将甲案件假定为乙案件，并在法律上如同乙案件的实例一样加以对待。拟制常用于避免使法典或者法令发生障碍。在罗马法和英格兰法中，广泛地使用拟制作为发展法律的手段，将规则扩展至原来未包括在内的案件。〔1〕

据此我们可以得知，拟制作为一种法律方法也早在古罗马时期就已存在。根据英国著名法学家梅因的研究，拟制最初在

---

〔1〕［英］戴维·M. 沃克编：《牛津法律大辞典》，邓正来等译，光明日报出版社1988年版，第335页。

古罗马法中是一个辩诉的名词，表示原告一方的虚伪证言是不准被告反驳的。例如，原告实际上是一个外国人而提出自己是一个罗马公民的证言。这种拟制的目的是为了给予审判权。[1]梅因认为，“法律拟制”被用以表示掩盖或目的在掩盖一条法律规定已经变化这一事实的任何假定，法律的文字并没有被改变，但是法律的运用规则已经发生了变化。在罗马法那里，人可以被拟制为驴，驴也可以被拟制为人；奴隶可被拟制为人，也可被拟制为物，一切全凭立法者的需要，非常灵活，法律也因而有了应变的能力。英国的“判例法”和罗马的“法律解答”都是以拟制为基础的。事实上，罗马市民法起初给予非罗马人以市民权以及罗马法中将收养关系等同血缘关系的规定无不是对拟制的运用。

法律拟制作为立法方法有着实体规则的本质和特征，使法律有了应变能力，且法律拟制不允许反驳。

（2）法律拟制产生的原因。从宏观角度讲，作为事实与规范的媒介，法律不仅有现实性的一面，也有超越现实的虚拟性的一面。这种虚拟的方式是人类社会发展的自有规律，同时也使得人类社会区别于纯粹的客观世界，而法律拟制正是这种虚拟性的集中体现。例如罗尔斯的“无知之幕”的假设，就是对社会的初始状态进行的拟制，这种拟制具有似真性：以客观现实为基础，但是并不完全是客观现实本身。[2]为了形成制度和秩序，那些在缺乏事实或无法确定事实时所制造的虚构的事实和关系，在真正的事实出现或被证明后，也不受到影响……现

---

〔1〕［英］梅因：《古代法》，沈景一译，商务印书馆 1997 年版，第 16 页。

〔2〕孙光宁、武飞：“‘决断性虚构’何以成立——法律拟制及其原因解析”，载《甘肃理论学刊》2006 年第 5 期。

实的需要和价值上的考虑才是其真正的基础。[1]

法人作为法律主体这一现象也可以说明这种虚构的意义和作用 。尽管事实上没有生命，没有道德思维，但在法律设计上，只要法律思维认为有必要这样做，法律便可以不只唯一尊重有智慧的人，而是视团体像一个真的人那样有利益需要、思维、观点、痛苦和幸福，对它像对一个具体的人那样，就其道德生活的若干方面提出质问。[2]对于法人来说，尽管其本身没有意志和激情，却可以将人的意志和激情——人类天性中最奇妙的能力归属于它。即使不是天性中的必有东西，这种能力也被发现是人类看起来并无困难加以运用的一种能力。只要存在事实的有限性、相对性与秩序的紧迫性、必要性之间的矛盾，拟制的决断性功能就是不可取代的；只要存在规范的应然性、法律的呆板性与社会的发展性、变化性之间的矛盾，拟制的协调性功能就是不可替代的。所以说，法律拟制深刻地反映了法律与社会之间的复杂关系，法律拟制是法律人的世界观。

从微观角度讲，法律拟制的产生是为了满足某些现实需要。首先，终极意义上的客观事实是不可能达致的，这为法律拟制的适用创造了前提条件。法律拟制能够形成“社会的”而非“科学的”判断，例如拟制血亲就是这种情形的典型代表。其次，从适用法律解决纠纷的角度来说，任何当事人都存在着事实上的不同，而通过宏观意义上的法律拟制就能够在诉讼过程中首先实现当事人地位的平等，这种法律拟制意义上的地位平等为纠纷的解决创造了前提条件。再次，法律拟制能够满足社

---

〔1〕 卢鹏：“拟制：一种政治艺术”，载《吉首大学学报（社会科学版）》2005 第 1 期。

〔2〕 江平、龙卫球：“法人本质及其基本构造研究——为拟制说辩护”，载《中国法学》1998 第 3 期。

会的特定需求，这是法律拟制出现的根本原因。这种对社会需要的满足是在梅因看来法律拟制的产生原因。社会的需要和社会的意见常常是或多或少走在“法律”的前面的。我们可能非常接近地达到他们之间缺口的接合处，但永远存在的趋势是要把这缺口重新打开来。[1]法律拟制正是对这种缺口的接合和两种相反趋势的协调者：法律和社会之间的矛盾状态是不能被长久容忍的，同时，在法治稳定性的要求下，在司法中进行变通是比较能够接受的选择，而法律拟制就是这样一种制度，因为它可以对没有变化的规则进行变化的解释和适用。[2]最后，法律拟制体现了法律职业群体特有的法律思维。它表明司法者遵循立法者的规定行事，其合法性要优于纯粹科学意义上的客观性。

（3）法律拟制在部门法中的表现。拟制方法在法的历史发展中曾发挥过重要作用。我国汉代法律的“决事比”，明清时的“比附援引”，西方法律传统中的“衡平法”以及我国现今民法、经济法领域的“类推适用”，都属于拟制的范畴。

法律拟制最核心的含义就是法律人对社会生活的一种决断性虚构。[3]法律拟制在宏观层面上体现为在法律与社会的关系中对社会作为整体的一种判断，国家就是一个法律拟制的产物，法律拟制使得国家成了具有一定人格的法律主体。法律拟制在微观层面上的意义则主要在部门法中得以展现。按照拉伦茨的观点：法学上的拟制是有意地将明知为不同者，等同视之。拟制与错误地一体化及错误地涵摄，其不同之处正在于，拟制者明

---

〔1〕［英］梅因：《古代法》，沈景一译，商务印书馆1997年版，第15页。

〔2〕孙光宁、武飞：“‘决断性虚构’何以成立——法律拟制及其原因解析”，载《甘肃理论学刊》2006年第5期。

〔3〕孙光宁、武飞：“‘决断性虚构’何以成立——法律拟制及其原因解析”，载《甘肃理论学刊》2006年第5期。

知被等同视之者实际上不同之处。[1]很显然，这是一种微观意义上的“决断性虚构”，因为法律拟制的对象已经转变为具体部门法中的对象。在此，法律拟制就是将原本不同的行为按照相同的行为处理，或者说将本来并非属此规定约束范围的行为也按照该规定处理。有意地将明知不同者，等同视之，其目标通常在于将针对某一构成要件事实（T1）所作的规定适用于另一构成要件事实（T2），从而赋予二者相同的法律后果，并在司法者的权力范围内予以实现。[2]在部门法中，使用拟制所形成的法律规范，称为拟制性法条，在民事立法技术上通常用“视为”这一术语表现出来。按照普遍认识，法律上的拟制可以分为引用性拟制、表见拟制、推定式拟制三种。

引用性拟制是指在不同案例的处理下，立法者基于相同的价值判断对它们作相同的处理，但又出于在立法技术上力求简洁的考虑而运用了引用性的立法技术，其兼具引用与拟制的特征。如我国民法理论中的“法律行为经撤销者，视为自始无效”；再如，我国刑法第 267 条第 2 款规定：“携带凶器抢夺的，依照本法第二百六十三条的规定定罪处罚。”携带凶器抢夺与刑法第 263 条规定的抢劫罪在事实上并不完全相同，但却被立法者赋予与抢劫罪相同的法律效果。如果没有《中华人民共和国刑法》第 267 条第 2 款的法律拟制，对于单纯携带凶器抢夺的行为，只能认定为抢夺罪，而不能认定为抢劫罪。另外，《中华人民共和国刑法》第 238 条第 3 款、第 241 条第 5 款以及第 384 条第 2 款等也是这种法律拟制的表现。行为人实施某一较轻的犯罪行为，因为这一行为具有特定情形而使得该行为的性质发

---

〔1〕［德］卡尔·拉伦茨：《法学方法论》，陈爱娥译，商务印书馆 2003 年版，第 142 页。

〔2〕劳东燕：“认真对待刑事推定”，载《法学研究》2007 年第 2 期。

生了变化，一般是变成了更重的罪，而不以原行为性质来定罪，也不实行数罪并罚。这种特定的情形在刑法中须有特别的明确规定，并不具有普遍适用性。如果没有明确的规定，裁判者就不能根据法律拟制进行定罪量刑。

表见拟制，又称定义性拟制，是指立法者为了维护原有规定之继续性的外观而进行的一种“表见”。例如《中华人民共和国合同法》在第 45 条第 2 款规定了条件成就和不成就的拟制：“当事人为自己的利益不正当地阻止条件成就的，视为条件已成就；不正当地促成条件成就的，视为条件不成就。”

推定式拟制是指由于立法者在事实真假不明、有无不清的时候，为了使这一情形不影响所需规定的事项以及所要达到的价值目标，而直接通过拟制假定，在规范上将其视为同一。通常表现在当事人并未意思表示或意思表示不明确时，拟制有某种意思表示存在，或将不明确的意思表示拟制为有特定的内容，如我国台湾地区“民法典”第 154 条第 2 款规定：“货物标定卖价陈列者，视为要约。但价目表之寄送，不视为要约。”

无论上述哪种拟制都是实体法规则。立法者将没有必然联系的甲事实看成是乙事实，使之发生相同的法律效果，甚至是“将纯属子虚乌有的事实强行认定，或者将迥然相异的事实强行规定为相同”“因而属于立法上的虚构”。[1]本书要讨论的即是在认定事实层面的拟制问题。

2. 推定与拟制的区别

本书在前面已有阐述，作为一个专门的法律制度，推定的渊源可以追溯到古罗马时期，那时的“一切主张在被证明之前推定其不存在”，就是一条程序法意义上的证明规则。在实体法

〔1〕 江伟主编：《证据法学》，法律出版社 1999 年版，第 126 页。

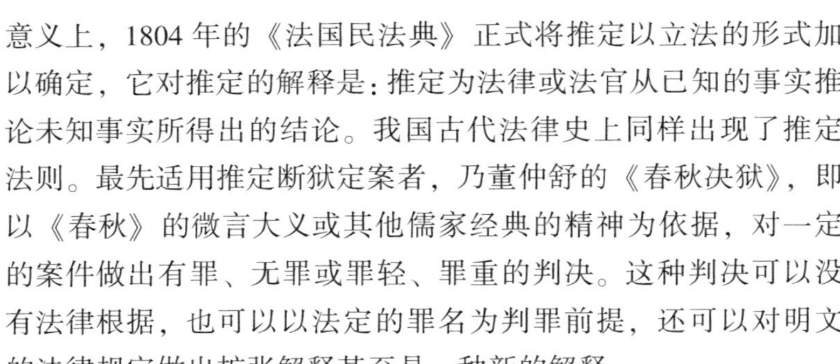

意义上，1804 年的《法国民法典》正式将推定以立法的形式加以确定，它对推定的解释是：推定为法律或法官从已知的事实推论未知事实所得出的结论。我国古代法律史上同样出现了推定法则。最先适用推定断狱定案者，乃董仲舒的《春秋决狱》，即以《春秋》的微言大义或其他儒家经典的精神为依据，对一定的案件做出有罪、无罪或罪轻、罪重的判决。这种判决可以没有法律根据，也可以以法定的罪名为判罪前提，还可以对明文的法律规定做出扩张解释甚至是一种新的解释。

推定的基础是事物发展具有规律性及事物普遍联系的哲学观点，表现为据以做出推定的基础事实和所要推出的待证事实之间普遍的共存关系，即当基础事实存在时，在绝大多数情况下，所要推出的事实也存在。这样的常态联系是人们通过长期、反复地实践所取得的一种因果关系经验。推定的依据包括法律规定和经验法则，事实上涉及推定的法律规定也是以经验法则为基础的。例如，我国《继承法》第 25 条第 1 款规定："继承开始后，继承人放弃继承的，应当在遗产处理前，作出放弃继承的表示。没有表示的，视为接受继承。"在此，继承人可能放弃也可能接受继承权，而依据经验，其接受的可能性要大，于是推定其为接受。再如，我国《民法通则》第 66 条第 1 款规定："本人知道他人以本人名义实施民事行为而不作否认表示的，视为同意。"这也是一种依据经验对可能情况的推定。

正因为推定是一种建立在严密的逻辑推理和人们日常生活经验基础之上的方法，在司法证明活动中，它便成为法院依照法律规定或者按照经验法则从已知的"前提事实"推断未知的"推定事实"并允许当事人提出反证推翻的一种证据法则。一旦前提事实得到证明，法院可以径直根据前提事实认定推定的事实，而无须再对推定事实加以证明。推定的发生依据包括法律规定和经验法则，依法律规定进行的推定称为立法推定，法官依经验法则进行的推定称为司法推定。立法推定是比较确定的推定，除得到相反的充足证据外，必须认定推定事实的存在，这种推定事实本身是无须证明的。但无须证明并不意味着它不容置疑，如果有证据显示某种政府行为是违法的，依然可以通过现有体制允许的方式来否定其合法性，也就是否定先前的推定。司法推定也称暂时性推定，它是根据逻辑、经验、常识和对盖然性的评估，从一个事实证据推断出另一个事实的存在、不存在或其事实状态。司法推定往往被用来获知被告的心理状态，并被认为是在刑事司法中起着重要作用的手段之一。

推定（尤指司法推定）的合理性在于它以经验常识为基础。某种认识被反复实践且被认为是经常有效的，就可以称之为经验法则。法则具有规律性，但也允许例外，因此，推定是经常有效的，但也允许反驳。推定的救济方法就是当事人提出反证并用反证来推翻所做出的推定，从而使推定失去效用。无论立法推定还是司法推定，均可以被那些否定它的证据或与它相冲突的、更有力的、相反的推定所推翻，而这些反证的提出，要由原推定之不利益者负责。

在设立推定法则时，为疑难未决案件提供一个合法的解决办法是其实践需要，逻辑证明关系是其重要依据，而节省诉讼时间、提高诉讼效率，又是其存在的重要意义。推定与盖然性的优势证明标准相符，是迅速结案的前提条件。

法律拟制与推定在形式上极为相似，都涉及甲、乙两个事实，都是由甲事实的已知推及乙事实的存在。因此，有学者认为推定也属于法律拟制的一种，二者在逻辑学上是种属关系。这种认识是有所偏颇的。

我们知道，推定是根据查明的已经存在的基础事实和人们

在大量社会实践基础上总结出来的行为规律或经验法则，来做出某种判断，判断的内容是某事物的存在、不存在或该事物的状态，并允许当事人提出反证予以推翻。在逻辑学中，推定相当于一个假言演绎推理，只不过它的大前提是有关诉讼中已获证明的前提事实与推定事实之间常态联系的或然性判断，小前提是该前提事实，结论则是该推定事实。其推导公式为：$(p\rightarrow q)\wedge p\rightarrow q$〔1〕。我们也可以将其理解为一个模态三段论的推理形式，即$\Diamond MAP\wedge SAM\rightarrow\Diamond SAP$或$\Diamond MEP\wedge SAM\rightarrow\Diamond SEP$〔2〕。

与推定的推理形式不同，拟制是立法者进行的一种理性的、高层次的思维活动，它不考虑思维形式，而更关注这种思维的实质内容如何确定。

推定与拟制不仅适用不同的逻辑方法，更为重要的是，在司法证明活动中，二者也存在着明显的区别：

第一，产生的前提不同。拟制建立在政策倾向、价值理念、法律精神等这些指标因素基础之上，更多体现的是立法技术。为了追求立法者认为的更大利益，其常常以牺牲或扭曲个别实体利益为代价。而推定（尤其是司法推定）的依据则是经验与逻辑，其基础是事物之间的相关因素。因此从表面上看，它为了追求诉讼效益而放弃了某些证明过程，但绝大多数情况下并无悖于事物之本来面貌。

第二，含义及表现形式不同。拟制是简单化的一项立法技术，它将要件 b 等同于要件 a，将为要件 a 所规定的法律后果转移至要件 b。其形式是：如果具备要件 a（所谓的拟制基础），

〔1〕“p→q”表示一种常态联系，即“前提事实 p 与推定事实 q 之间具有蕴涵关系”；“∧”表示“并且”（逻辑合取）。

〔2〕“◇”表示“可能”；“A”表示“所有……是……”；“E”表示“所有……不是……”。

则 b 被拟制。推定是认定事实的一种方法，它是在 b 无法确定的情况下，根据已知的 a 及 a 与 b 之间的通常联系，由 a 推得 b。换句话说，拟制的含义是明知为 A，视其为 B；推定则是不知其是否为 B，推定为 B。〔1〕例如，《最高人民法院关于适用〈中华人民共和国担保法〉若干问题的解释》第 32 条第 1 款："保证合同约定的保证期间早于或者等于主债务履行期限的，视为没有约定，保证期间为主债务履行期届满之日起六个月。"事实上保证合同约定了保证期间，但是"早于或者等于主债务履行期限的"，就把它当作"没有约定"。再如，我国《农副产品购销合同条例》（已失效）第 18 条第 9 款规定："被拒收的一般产品，在代保管期间，必须按原包装妥善保管保养，不得动用。一经动用即视为接收"。显然，产品既然"被拒收"，即使是"动用"了，也绝不是"同意接收"，但为了某种目的或需要，让"动用"产生与"接收"相同的法律效果。这些就是拟制。推定则不同，例如《中华人民共和国合同法》第 171 条："试用买卖的买受人在试用期内可以购买标的物，也可以拒绝购买。试用期间届满，买受人对是否购买标的物未作表示的，视为购买。"此处，"买受人"的"未作表示"是一种意思表示不确定状态，出于诉讼效益考虑，法律按照"常理"将其确定为"购买"。

第三，性质不同。由于推定具有或然性推理的本质（尽管其采用演绎推理的形式，但其大前提具有或然性，故而它不具有演绎推理"前提蕴涵结论"的特点），即使推定所依据的基础事实（小前提）是真实的，也不能保证其结论的真实性。而拟制则不然，它不受形式逻辑规则的约束，由于加入了更多的主

〔1〕何家弘、刘品新：《证据法学》，法律出版社 2004 年版，第 274 页。

体意识，体现了更多的价值属性，所以拟制方法的运用结果没有真实与否，只有合理与否。

第四，稳固性不同。法律拟制的目的是使甲事实产生与乙事实相同的法律效果，乙事实的存在得到证明后，自然不允许对方当事人再提出证据来推翻甲事实（当然，对方当事人只有一种反驳拟制的机会或渠道，那就是提出乙事实不存在的绝对优势证明——这一点类同于对立法推定的反驳）。而推定（尤指司法推定）则不同，它仅仅是一种假设，虽然这种假设通常是以事物之间的常态联系为根据的，但并不能保证这种假设与事实一定相符合，故对方当事人可以通过提供相反的证据来推翻这种推定。对此，《最高人民法院关于民事诉讼证据的若干规定》第 9 条明确规定，根据法律规定或者已知事实和日常生活经验法则，能推定出的另一事实，当事人无须举证，（对方）当事人有相反证据足以推翻的除外。[1]推定均是可以推翻的，不可反驳或不可推翻的推定事实上属于实体法规则。不过，即使是后者，也与拟制存在重要区别。不可反驳的推定要求把某个既定的要件事实视为已经被证明，尽管实际上法官无法从生活事实中获得对该要件事实的心证；拟制则要求把一个既定的要件事实视为存在，尽管事实上它不存在。[2]换言之，拟制虚构的是 T1 与 T2 之间的相似性，而推定虚构的是待证事实在诉讼中的存在或者被证明。在此值得一提的是，尽管多数推定以基础事实与待证事实的概率联系为基础，但概率基础本身不足以区分推定与拟制。

第五，对举证责任的影响不同。对拟制而言，双方当事人

---

〔1〕 劳东燕："认真对待刑事推定"，载《法学研究》2007 年第 2 期。

〔2〕 [德] 汉斯·普维庭：《现代证明责任问题》，吴越译，法律出版社 2000 年版，第 77 页。

发生争议并且需要证明的始终是前一项事实，尽管一方当事人主张的是后一事实的法律效果。显然，主张前一项事实的当事人对该事实的成立应当承担举证责任，只要其证明了这一事实，该事实就会产生后一事实的法律效果，法律并不允许对方当事人对后一事实是否存在进行争议，因此，拟制并不存在将后一事实的举证责任转移给对方当事人的问题，也就是说，拟制并不会影响举证责任的分配。如果说它对举证责任有影响，那也仅仅表现在变更证明对象上，使当事人可以用对前一事实的证明替代对后一事实的证明。而在适用推定的情况下，双方主要争议的是后一事实，即推定事实，由于推定的存在，主张推定事实的一方当事人可以只对基础事实进行证明，该基础事实被证明后，法律便假定推定事实存在，这样便在无形中把证明推定事实不存在的举证责任赋予了对方当事人。

第六，历史命运不同。从推定与拟制的定义上我们可以看出，推定是对“未知”的推断，是一个法定的逻辑过程。它有可能不受事实的检验（如结论性推定），但必须受基础事实与推定事实之间常态联系的逻辑约束。拟制是对“明知”的法定的虚构过程，其目的在于实现立法者所追求的正义。拟制既可不受事实的检验，也可不受逻辑的检验，在拟制中事实因素已变得不为重要，目的才是最为重要的，而且拟制往往是在明知或已知不是事实的情况下强行进行假定的，拟制不是要发现事实，而是要符合需要地解决问题。〔1〕易言之，如果说推定是一种逻辑上的可能性，拟制就是一种逻辑上未必可能的法律上的可能性。

拟制是因法学理论的贫瘠所作的强行规定，它将会随着相

〔1〕 卢鹏：“论结论性推定与拟制的区别”，载《同济大学学报（社会科学版）》2003 年第 1 期。

应理论的诞生而被修正。如果按照历史唯物主义的社会发展观来看，国家最终是要消亡的，与国家相伴而生的法律也终将消亡，那么拟制作为一个同法律规范性质相同的法律现象，也必然随着国家现象的消亡而消亡；推定作为认定事实的一项技术手段，其价值可以体现在法学理论更为发达的阶段。而且，正义是有时空限制的，逻辑却是无时效、无国界、全人类共通的，因此推定与拟制相比，即使在法律现象与国家现象一同消亡、推定的法律含义不复存在之时，推定的方法要义也是长存的。

3. 推定与拟制的法律适用

在法律实践中，推定可以被广泛运用于立法、司法活动中，尤其是作为判定待证事实的一种特殊而重要的方法，存在于法官对案件事实的认定活动中。在这里，法官借助两个事实之间的“常态联系”，由一个事实的存在进而认定另一个事实的存在。例如，法官以“某人以恰当方式通过邮局汇款并经合理时间，收汇人应当收到”作为大前提，再以“某人确以恰当方式通过邮局汇款并经合理时间（汇款凭证为据）”的事实作为小前提，得出“收汇人应当收到”的结论，这就是一种推定。事实上，“收汇人收到”仅是一种概率极高的可能性而绝非必然性。在此，法官采用了“认为其应该或可能为B，推定为B”的方式。

拟制与推定一样，也是一种假定。但如前分析，由于它是一种绝对的主体意志的反映，它是“明知为A，视其为B”的假定，所以这种假定的结果不可能符合客观实际，而我们所评断的只能是它的价值属性。例如，我国《婚姻法》与《继承法》当中的“拟制血亲”，是包括基于收养与继承关系而形成的近亲属，这些人之间事实上并无血缘关系，是被法律“视同为”血亲；我国《民法通则》中第15条规定：“公民以他的户籍所在地的居住地为住所，经常居住地与住所不一致的，经常居住地视为住所。”这是两例典型的“以B代A”的拟制。

通过上述分析，我们应该形成这样的认识：在非实然状态或者实然状态不能被确定的情况下，拟制选择了“应该”，而推定选择了“可能”。拟制涉及法律的价值评断，它的直接后果是造法，所以它只能谨慎运用于立法活动中，尤其是民事立法（新《中华人民共和国刑法》“罪刑法定原则”排除了类推适用）。推定则既可以有立法推定也可以有司法推定，特别是作为一种重要的认定事实的方法，在司法证明活动中，推定的直接作用是证明责任的卸除，其间接后果则是举证责任的转移。运用推定可降低诉讼成本，提高诉讼效率，维护社会关系的稳定。

（二）推定与表见证明

1. 表见证明的含义

某些大陆法系国家的民事诉讼中存在一种特殊类型的司法推定，德国学者认为这种司法推定的适用范围比一般的司法推定狭窄，仅适用于侵权行为要件中过失及因果关系的认定。其特点在于无须逐一详细考查其具体内容，得推定故意过失及因果关系之存在，以减轻法官认定事实之负担。例如医师有无过失发生疑问时，究其原因为“注射液不良”或“注射器消毒不完全”，不必勉强断定其一。而不论为其中哪一种原因，即认定医师有过失。[1]日本学者称这种特殊类型的司法推定为显而易见的推定。这种显而易见的推定是以高度盖然性的经验法则为基础的，从侵权行为等客观事实中，直接推定具有符合法规所规定的如过失或因果关系等构成要件，无须主张具体事实和证明

---

〔1〕 王甲乙、杨建华、郑健才：《民事诉讼法新论》（修订本），三民书局1999年版，第356~357页。

的理论。虽然没有具体事实的主张和证明，但从外观（表见）上认定过失和因果关系已被证明，因此也被称之为表见证明。[1]日本学者中村英郎则将表见证明归纳为一种“过失的大致推定”理论，即除交通事故的损害赔偿请求诉讼之外，如果原告依高度的盖然性，对推断被告过失能进行立证，只要其后被告不能证明是例外，便不能推翻其推定。可以说这是在认定不法行为的过失和因果关系时，为回避原告立证困难，学说、判例构思出的一种理论。[2]从这些大陆法系国家对表见证明性质和特征的描述上来看，它类似于我国学者所称的过错推定。

英美法中类似的推定规则称为事实本身的证明，它适用于因疏忽而引起损害的诉讼，是指事件发生的情况本身足以证明疏忽的行为。例如航行中的船舶，撞到下锚停泊的船舶，航行中船舶已有疏忽行为的表面证据了。法律推定这样的疏忽行为是导致事故发生的原因。[3]

在英美法系，表见证明堪称一个规则，它规定，对于被告的过失，负有提供证据责任的原告可以证明其是由于这样的事件受到伤害，而这样的事件如果被告没有过失一般不会发生。在美国，尽管许多司法辖区已赋予表见证明规则以推定的效果，甚至用它分配说服责任，但是，大多数法院认为，它仅仅是一个过失推论。通常，即使在缺乏特殊规则的情况下，法院也应适当认为，该规则所要求的推论是合理的。依此，表见证明规则肯定应与其他推论同样看待。此外，该规则是人为的，它是

---

〔1〕［日］兼子一、［日］竹下守夫：《民事诉讼法》（新版），白绿铉译，法律出版社 1995 年版，第 114 页。

〔2〕［日］中村英郎：《新民事诉讼法讲义》，陈刚、林剑峰、郭美松译，法律出版社 2001 年版，第 205 页。

〔3〕 Alan Taylor, *Principles of Evidence*, Cavendish Publishing Limited, 2000, p. 48.

基于政策理由而非基于逻辑理由而确立的，因此，作为一个推论，它仅许可但并不要求陪审团认定过失。唯一的区别是，表见证明是一个人为的概念，系由法官依判例所造就，告诉陪审团推论具有任意性，要比仅向陪审团描述案件中一个合理的推论更具合理性。虽然这类陪审团指示在理论上可以视为是违反了某个州禁止对证据进行评论之规则，但是，法院在处理此问题时早无困难，并且一贯同意或者要求指示：法官可以告诉陪审团过失认定是许可性的。因此，在没有使用错误名称“推定”时，法院能够而且应该给予这些暗示。〔1〕显然，在美国，表见证明仅被限制在过失的认定方面，而推定则不然。表见证明背后仅是经验法则，仅转移提供证据的责任。而不同的推定的背后，有不同力量的政策因素，亦有不同的结果，既有转移提供证据责任的可能，也有转移说服责任的可能。

按照我国台湾学者陈荣宗的观点，表见证明是由法官采用判例以及学者采用解释的方法而创设的一种制度。〔2〕它是指法院利用一般生活经验法则，就一再重复出现的典型的事项，由一定客观存在的事实，以推断某一待证事实的证据提出过程。〔3〕例如，依照一般生活经验，人行道是专供行人安全行走所设，货车理应与其他车辆一样在机动车道上行驶，在无特别预先告知的情况下，某货车司机将货车开上人行道而致行人躲闪不及造成伤害，此时，应按行人、车辆各行其道的经验法则，推断货车司机有故意或过失的事实。

〔1〕［美］约翰·W. 斯特龙主编：《麦考密克论证据》，汤维建等译，中国政法大学出版社2004年版，第671~672页。

〔2〕陈荣宗：《举证责任分配与民事程序法》，三民书局1984年版，第61页。

〔3〕陈荣宗、林庆苗：《民事诉讼法》，三民书局1996年版，第509页。

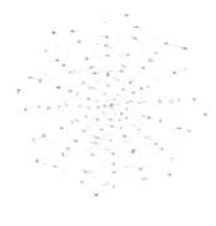

2. 表见证明的功能

关于表见证明的功能，学术界主要有以下两种观点：一种观点认为表见证明导致了举证责任的转移。另一种观点即德国学术界认为，表见证明降低了诉讼证明标准。对此，笔者都有不同看法。第一，由于表见证明是法官自由心证的过程，为使其不成立，对方当事人需要提出反证使法官的心证产生动摇。谷口安平先生把对方当事人推翻表见证明所负的这种责任称为“反证提起责任”。〔1〕反证提起责任显然不同于一般意义上的举证责任，其反证的证明标准也不同于一般意义上的举证责任所要达到的高度盖然性标准。换句话说，为推翻表见证明，对方当事人所承担的仅是提出证据的责任，而不是包括说服责任与结果责任在内的完整意义上的举证责任。第二，“证明标准”属于人的认识范畴，是一个具有明显相对性的模糊概念。在某一具体案件中，对事实的证明达到了什么程度，究竟是高还是低，只能依靠实践的检验，具体讲，就是要看被推翻、反证、反驳的概率和难易程度。表见证明是一个以生活经验推论案件事实的过程，一旦裁判者依据表见证明法则形成内心确认，对于裁判者而言，获知的这种法律事实的证明标准即达到了民事证据的高度盖然性要求。因此，认为表见证明降低了诉讼证明标准的观点也有失偏颇。

笔者认为，表见证明既没有导致举证责任的转移，也不会降低证明标准，它是法官在穷尽了所有证据手段之后借以发现案件事实的方法和途径。表见证明的功能在于强化法官在认定事实上的内心确信，使法官在经验法则的支配下根据既已存在的特定客观事实就待证事实做出相应的认定，从而对当事人之

〔1〕［日］谷口安平：《程序的正义与诉讼》，王亚新、刘荣军译，中国政法大学出版社 1996 年版，第 249 页。

间所争议的不明事实的状态进行相应的判断。由此可见，法官可将表见证明作为判断待证事实的一种方式。在审判事务上，表见证明的方式在个案中的运用，系对证明责任分配规则在具体场景下的不合理性进行适当的调整，它可以达到减轻原告证明负担的效果，使证明责任分配更加趋于公平。表见证明有助于双方当事人的举证能力在寻求解决利害冲突的途径上显得大抵均衡。〔1〕在程序正义的前提下，对表见证明法则予以适当运用，是发现案件真实、接近实体正义的重要途径。

3. 推定与表见证明

推定与表见证明有许多相似之处，如二者都是基于一定事实而推断另一事实，二者都可以通过反证予以推翻，对当事人的证明负担都有卸除作用，等等。因此许多学者（包括我国）都认为表见证明是推定的一种。〔2〕但二者仍有以下区别：首先，二者的产生基础不同。推定是由立法明确规定适用条件，或是由法官根据经验法则进行的，而表见证明则是由法院的判例或者学者们的理论解释所产生的一种制度。第二，推定系由甲事实的存在推断乙事实存在的活动，是一种独立的认定案件事实的特殊方法，而表见证明不是一种独立的证明方法，“一般认为，表见证明不是独立的证明手段”，而仅仅是证明评价过程中对经验规则的应用而已。第三，二者的适用前提不同。按传统观点，推定分为立法推定和司法推定，前者由法律明确规定适用推定的情形，当符合该情形时法官直接适用推定制度，后者没有法律的明文规定，法官在诉讼过程中认为确有必要，可根据逻辑与经验作出推定。而表见证明这种应用的前提是存在所

〔1〕 毕玉谦：“试论表见证明的基本属性与应用功能之界定”，载《证据科学》2007年第Z1期。

〔2〕 肖建华主编：《民事证据法理念与实践》，法律出版社2005年版，第97页。

谓典型的发生过程，也就是指由生活经验验证的类似的过程，由于这种过程具有典型性，它可以对某个过去事件的实际情况进行验证（“类似性证明”）。如果法官采纳了某个表见证明，当事人只需提出反证就可以推翻，而无须进行反面证明。〔1〕显然，其适用的前提事实必须具有典型性，对表见证明是否予以采纳由法官自由裁量，但法官并不经常使用此种证明方法。

由司法推定的概念可知，表见证明实际上和司法推定是非常相似的，二者均由法官根据经验法则由某一事实之存在而推出另一事实之存在。因此，有学者将大陆法上的表见证明等同于司法推定，认为司法推定在本质上是法官依据现有证据凭借日常生活经验法则来认定案件事实的过程，这一过程本身具有自由心证的成分。而“表见证明”具有“事实本身表面上即足以证明”的意思，可以确切地说明司法推定的本来含义。笔者认为这种观点值得商榷。尽管二者在某些方面的特点非常接近，且表见证明被看作是司法推定的一种特殊类型，但仍然不可将二者互相替代。原因在于，如果法官不当利用司法推定（当用而不用，或不当用而用），当事人是否可以借事实不清、证据不足的理由提出上诉，要求上级法院发回重审或依法改判？至少我国法律对此未作规定，也未有相关司法解释出台对此发表意见，司法推定不当在我国尚不能构成上诉的理由。且就笔者掌握的材料来看，其他国家亦大抵如此。但是，依汉斯·普维庭教授的见解，如果当事人认为表见证明运用不当，就可以依据德国民事诉讼法第286条第1款提起上诉。〔2〕可见，表见证明的

〔1〕［德］汉斯·普维庭：《现代证明责任问题》，吴越译，法律出版社2000年版，第140~141页。

〔2〕［德］汉斯·普维庭：《现代证明责任问题》，吴越译，法律出版社2000年版，第162页。

可诉性是有先例的。另外，就我国而言，司法推定与表见证明的区别有一点是肯定的，即两者的适用领域不同。表见证明仅适用于侵权法领域对过失和因果关系的认定，而司法推定不受此限，“故意”也可以成为推定的对象。再者，通常司法推定的适用前提是存在已知事实，并不要求该事实必须具有典型性，而表见证明则不然。也许正是基于此，有学者认为，“表见证明是指，法官利用一般生活经验法则就生活实践当中反复出现那些典型情形，用于替代以提出证据的方式推断某一待证事实的实际存在。”〔1〕它“是法院采用类推的方法根据经验法则就某一待证事实所进行的情态复制。”〔2〕它属于与立法推定、司法推定相并列的另外一种具有法律效力的推定形式——经验推定。笔者认为此观点倒也不乏道理。

（三）推定与法律行为解释

1. 法律行为解释的概念

在当事人实施某一具体法律行为时，由于其个人认知水平以及诸如法律知识、交易经验等与从事法律行为相关的技术的掌握程度存在差异，加上语言或符号的多义性，意思表示的发出者（即表意人）和接受者（即相对人）往往会对同一表示产生不同的理解，或者由于表意人疏于做出某些必要事项的意思表示，造成意思表示不明确或者不充分，从而引发大量纠纷。为了解决这种问题，在当事人的意思表示之间搭建桥梁，促进双方意思表示完整、一致，就要创设解释性规则来明晰当事人的

---

〔1〕毕玉谦：“试论表见证明的基本属性与应用功能之界定”，载《证据科学》2007年第Z1期。

〔2〕毕玉谦：“试论表见证明的基本属性与应用功能之界定”，载《证据科学》2007年第Z1期。

权利义务关系。“法律行为解释”又称“意思表示的解释”[1]，它便是为此目的而在民事法律领域里设立的一种解释规范。该解释规范是德国法首创，在德国法系有丰富的理论和实践素材。[2]

2. 法律行为解释的规则

德国法系民法在设置法律行为的解释规则时采取了区别对待的态度：①对于无相对人的法律行为，如动产所有权的抛弃、遗嘱等，通过探究表意人的真实意思来明确其内容，这在法律行为的解释理论上被称为“意思主义”。《德国民法典》第133条规定：“解释意思表示，应探求当事人的真实意思，而不得拘泥于所用的词句。”[3]我国台湾地区现行“民法总则”第98条也有类似规定：“解释意思表示，应探求当事人之真意，不得拘泥于所用之辞句。”[4]由于在无相对人的法律行为中，表意人的意思表示决定了法律行为的性质、内容和效力，因此解释这种法律行为，应该以表意人的意思表示为对象。表意人的意思表示构成可以分为内心意思和表现内心意思的外观行为，内心意思只有通过一定的外观行为表现出来才具有可认知性与解释的可操作性，故无相对人法律行为解释的对象实际上是表意人的表示行为，即所谓的“表示的意思”。但是，当表意人的表示行为与其内心真意不符时，真实意思可突破表示行为而通过特殊

[1] 史尚宽：《民法总论》，中国政法大学出版社2000年版，第459页。

[2] 常鹏翱：“法律行为解释与解释规则”，载《中国社会科学院研究生院学报》2007年第6期。

[3] [德] 迪特尔·梅迪库斯：《德国民法总论》，邵建东译，法律出版社2000年版，第236~238页。

[4] 常鹏翱：“法律行为解释与解释规则”，载《中国社会科学院研究生院学报》2007年第6期。

说明、交易习惯等其他更为贴切的方式来获得。[1]亦即解释无相对人的法律行为，应当超越表示行为所包含的内容，最大程度地探究表意人的真实意思。[2]比如，甲在遗嘱中将图书馆遗赠给乙，而甲常把酒窖称为图书馆，乙为甲的朋友，他认为甲遗赠给自己的应当是酒窖的藏酒。如果按照遗嘱文字，遗赠的标的物是甲的图书馆或者书房，但按照甲针对乙的特殊生活用语，就应解释为酒窖，这样才能符合甲的内心真意；[3]②对于有相对人的法律行为，如撤销合同、买卖、物权转移、结婚、成立合伙等，由于相对人具有受法律保护的信赖利益，因此应将解释的依据定位于相对人基于客观理解能力而认知的表意人的表示意思，而不能采用探究表意人真实意思这种主观程度很强的解释方法，该理论被称为“表示主义”。如《德国民法典》第157条规定：“对合同的解释，应遵守诚实信用原则，并考虑交易上的习惯。”《瑞士债务法》第18条第1款亦规定：在裁判契约时，应依照契约的形式和内容考虑当事人真实的协议，而不应考虑当事人因错误或者出于故意而使用的掩盖契约性质的不正确说明或表达。[4]；③对于内容不完整、有漏洞的法律行为，采用补充解释规则，即通过法律任意性规范和推断当事人的意思表示，来填补意思表示的漏洞和维持法律行为的完整性。比如，租赁合同没有约定租赁物的维修义务，当租赁物在租赁

---

〔1〕 王泽鉴：《民法总则》，中国政法大学出版社2001年版，第408页。

〔2〕［德］卡尔·拉伦茨：《德国民法通论》（下册），王晓晔等译，法律出版社2003年版，第471~473页。

〔3〕 Brox, *Allgemeiner Teil des BGB*, 24Aufl, Verlag Carl Heymanns, 2000, S. 71. 转引自常鹏翱：“法律行为解释与解释规则”，载《中国社会科学院研究生院学报》2007年第6期。

〔4〕 常鹏翱：“法律行为解释与解释规则”，载《中国社会科学院研究生院学报》2007年第6期。

期间遭受损害时，根据该合同的约定并不能确定由谁来负担维修责任。为了化解纠纷，就需要通过阐明解释的方法来弥补当事人意思表示的欠缺，填补法律行为的漏洞，使当事人意思表示的内容得以确定。

3. 推定与法律行为解释

推定与法律行为解释在功能及运行特点上存在许多相似之处。设立法律行为解释制度意在填补因当事人认知能力的非至上性造成的法律行为的内容漏洞，以便完整地规制当事人之间的权利义务关系，减少交易关系的不稳定性。从这一点上看，法律行为解释具有扩展认知能力、节约交易成本、实现公平效益、推进诉讼程序等功能，这与推定制度具有异曲同工之效。无论是推定还是法律行为解释，其运行机理均在于从某一个（些）可把握的事实（现象）来获知（推知或释义）另一个更有价值的事实或现象的存在。由于运用依据的主观色彩，二者的结论均具有可错性。推定与法律行为解释不同的是：其一，推定（无论是立法推定还是司法推定）运用的前提是已经确证的客观事实（可能是事件也可能是行为），运用的结果是获知待证事实；法律行为解释的前提是当事人的法律行为，解释的结果是当事人的意思表示。若从该角度上讲，广义的推定包括法律行为解释，换句话说，法律行为解释可以是推定的一个种概念，前者具有后者的属性，可被称之为后者，但后者却不尽为前者。其二，推定与法律行为解释均是一种公权力行为，二者均能产生直接的法律效力，对当事人的利益状态产生直接影响。但推定的适用主体因推定的类型不同而可能是立法者或事实裁判者，法律行为解释的适用主体是法院或者仲裁机关。其三，推定的依据是事物间的常态联系或法律精神、价值理念，法律行为解释区分不同情况采用不同的解释规则，与立法推定相同的是，这些解释规则也在不同程度上涉及法律原则、道德规范等主观因素。其四，为缓解推定与法律行为解释的可错性，推定设置了相对人反驳推翻予以救济制度，法律行为解释也在规则上作了许多限制性规定，比如由于补充解释的对象超出了承载意思的表示行为，而是由从其他的因素来推断当事人的意思，这就可能产生与当事人的内心意思相悖的结果。为了避免这种不良后果，补充解释的进行应当符合以下要求：首先，尊重当事人的意思，即在当事人明确排除某任意性规范适用的可能性时，该规范不能作为补充解释的依据；在推断出来的当事人意思与其后当事人明示的意思不符时，该推断意思不得被采用。其次，不得侵害当事人的利益，即如果某任意性规范的适用会产生损害当事人的利益或者违背当事人的行为目的后果的，就不能作为补充解释的依据；在推断出来的当事人的意思产生明显损害当事人自己的结果时，该意思不得被采用。〔1〕

由于立法的原因，法律行为解释规范也常以“视为”“推定”这样的字眼表示，致使其与推定难以分辨。但是，解释规范唯一的前提条件即为意思表示，在欠缺此前提事实的情况下，该法律规范的效果正是为了解释规定的目的，故此类被承认的法律效果，不是被推定，而是被法律明文规定。有关当事人如果能够证明有其他的意思，或另有其他的合意，则该规定自不能适用。但它不是意思的推定，故仅证明无此规定的意思尚不为足，必须举证证明有其他意思存在方能阻却其适用。〔2〕由此可见，若基于一定的立法目的，法律规定在一定情形下对当事

〔1〕 常鹏翱：“法律行为解释与解释规则”，载《中国社会科学院研究生院学报》2007 年第 6 期。

〔2〕 骆永家：《民事举证责任论》，商务印书馆 1981 年版，第 127~128 页，转引自陈界融：《证据法：证明负担原理与法则研究》，中国人民大学出版社 2004 年版，第 171 页。

人的意思表示内容产生一定的法律效果，则此法律规范为法律行为解释规范。例如我国《合同法》第 47 条第 2 款规定，对限制民事行为能力人订立的合同，“相对人可以催告法定代理人在一个月内予以追认。法定代理人未作表示的，视为拒绝追认。”该法第 215 条：“租赁期限六个月以上的，应当采用书面形式。当事人未采用书面形式的，视为不定期租赁。”即属于因“当事人意思不明了、不充分”而制定解释规范，它不同于对于当事人“善意”“明知”“故意”等主观心理状态的立法或司法推定。

（四）推定与证据效力确举

在各国法律中，还有些关于证据效力的规定，这些规定与推定不无相似之处，所以常常被看作是推定。例如，德国民事诉讼法第 437 条规定，从形式和内容两方面都可以认为是由官署或由具有公信权限的人所制作的证书，推定其本身是真实的。同时又在第 415 条中规定，对公文书内记载的事项，许可用证据证明其为不正确。此外，该法第 440 条还对私文书真实性的推定作了规定。日本民事诉讼法第 323 条、第 326 条也分别对推定公文书和私文书为真实的条件作了规定。在我国《民事诉讼法》中也有类似的规定，如第 69 条规定：“经过法定程序公证证明的法律事实和文书，人民法院应当作为认定事实的根据，但有相反证据足以推翻公证证明的除外。”德、日两国的学者认为，这些规定虽然使用了“推定”二字，但并非真正的推定，而是法律关于某种证据效力的规定，是法定的证据规则。

在我国理论界，这类规定一直被看作是法律上的推定，笔者认为，与其说它是推定，倒不如说是法律关于公证文书等证据之效力的确举更为确切。

首先，推定是从甲事实的存在依法或依经验推论出与之相关的乙事实的存在或不存在。推定事实乙之存在与否，取决于基础事实甲的存在是否被证明。而我国《民事诉讼法》关于公证文书的规定，只是规定了公证文书在民事诉讼中的证据效力，即赋予了公证文书这种证据形式较强的证明力，要求法院在无足以推翻它的相反证据的情况下，必须把经公证证明的法律行为、法律事实和相关文书作为认定案件事实的根据，而不必像其他书证那样，要经审查核实后才能作为认定事实的根据。但是需要注意的是，此时法律只是赋予了这些经过公证的证据以较强的证据地位，但并不是说，有了这些证据就能够“证明”或“推定”出当事人所主张的案件事实。换句话说，如果非要往“推定”上靠，也只能说由“公证形式”的存在能“推”出该证据的真实，而不是待证事实的真实。

其次，从与举证责任的关系来看，两者也有明显的区别。推定具有倒置举证责任的间接作用，其中司法推定要由对方当事人承担举证责任之提供证据责任，而立法推定还要求对方当事人承担说服责任与后果责任，即在基础事实被证明后，将关于反驳推定的举证责任置换于对方当事人，若不能完成举证责任，则依据法律或经验由基础事实到待证事实的推定效力即可发生。而我国《民事诉讼法》第 69 条关于证据效力的规定并不存在置换举证责任的作用，具体而言，对负举证责任的一方当事人来说，当他提出公证文书来证明他所主张的事实时，法律只是认可了该项证据的证明力而已，或者说我国《民事诉讼法》的第 69 条并没有认为，这项经过公证的证据就是其主张成立的充分条件，他所主张的事实就可被“推定”为存在。证明他所主张的事实的责任并没有被卸除，而对方当事人也不会就此承担“倒置”的证明责任，更不会因此而遭受反证不能的败诉风险。另外，我国《民事诉讼法》第 69 条中，“但有相反证据足以推翻公证证明的除外”所描述的反驳责任也是针对证据而言

的，而不是针对推定行为或推定事实，即与推定意义下的证明责任问题不属同一讨论范畴。

(五) 推定与商事外观

1. 商事外观的含义

商事外观又称“外观主义”“商外观原理”，它是大陆法系民商事法中依据商事行为人的行为外观认定其效果意思的立法原则和学说，由德国商法学者首倡。根据该原则，商事交易行为人的行为意思应以其行为外观为准并适用法律推定规则，商事交易行为完成后，原则上不得撤销，适用“禁止反言”规则，行为人公示事项与事实不符时，交易相对人可依外观公示主张权利。商外观主义着眼于对商事交易行为的合理推定，目的在于保护不特定第三人的利益和社会交易安全。现代各国民商法中有关公司章程内容的推定、关于经理人或商事代理人权利的推定、关于票据文义性和要式性的规定、关于背书证明力的规定等均体现了这一立法原则的主旨。

2. 商事外观是商法中的法律推定规范

商事外观的适用必须满足其法律构成要件——外观事实(包括主体资格外观、权利外观、意思表示外观和其他事实外观)、相对人对外观的合理信赖、本人对外观事实的形成给予一定的原因力、相对人基于外观而从事相应的行为。其中所表现出的逻辑脉络是：对于事实上存在的外部表象，法律基于经验法则或者公共政策，在考量双方当事人主观状态的前提下，推论出某种法律事实的存在。可见，商事外观正是法律推定技术在商法中的体现，是商法中的法律推定规范。法律推定指法律所推想、假定或拟制的事实或法律关系，而且在该事实或者法律关系未被反证推翻之前，使之发生一定的法律效果[1]（该观点不一定准确，笔者注）。一般而言，法律推定包含两个事实，基础事实（basic fact）和推定事实（presumed fact），基础事实是已经证明和明了的事实，是作为推定或认定的根据。而推定事实是根据基础事实经推定所得出的结果事实。在外观主义的法律构成要件中，外观事实处于基础事实的地位，它们往往是登记事实、文义事实或者契据、证书。而推定事实是外观所表现出来的各种法律关系，包括主体法律资格之存在、特定权利之存在等。商事外观中基础事实和推定事实之间的联系，在商法当中是被作为强行法规则设定的，而并非法官在司法审判过程中自由心证的结果。易言之，商事外观的法律效果是商法中的强行性规定。

但是，外观法理并非不能反驳，相反，它可以通过反证予以推翻，只不过在这个过程中存在当事人的举证负担的分配问题。当事人一方主张适用权利或者法律关系存在的推定，必须举证证明基础事实的存在，而不必直接举证证明权利或者法律关系的存在。获推定后，原当事人的举证负担即告卸除，转由对方当事人承受。若该方当事人欲卸除该负担，则须举证证明据以推定的要件事实不存在。

商事外观的法律适用前提涉及两个法律事实，一个是真实的法律事实，另一个是虚假的外观事实。外观主义并非随心所欲地将外观事实和真实事实连接在一起，而是通过一定的法律技术，将虚假的外观事实当作是真实的法律事实来处理。其所采纳的法律技术就是推定和拟制。

商事外观在技术上采取了推定的方式。外观主义之信赖原

---

〔1〕 陈界融：《证据法：证明负担原理与法则研究》，中国人民大学出版社 2004 年版，第 152 页。

则就是人们对相互行为的预测性推定的直接体现。信赖是指人们在进行社会活动过程中，相信他人会依照彼此认同的规则行事。所谓的相信，实际是对他人将要作出何种行为的一种推定，即在自己恪尽注意义务、依规则行事时，推定别人会和自己一样遵守规定，而不需要考虑他人违反注意义务所带来的后果。这种推定之所以产生，是人们基于经验常识，相信常态情况下大家都会循规蹈矩。如果推定不准确，就意味着他人没有遵从人人所共知的或彼此认同的规则，进而，由于误信他人而导致风险、遭受损害的一方可以期待法律的保护，让他人为风险或损害承担责任。〔1〕

3. 商事外观中推定的构造特点

如前所述，推定的基本构造包括两个事实：基础事实和推定事实。其中，基础事实以真实客观存在为前提，基础事实与推定事实之间存在盖然性的联系。在商法中适用外观主义的情形下，基础事实就是外观主义法律构造中的“外观”。外观主义推定的基本构造类同于推定，但具有其自身特点：第一，在外观主义场合，基础事实与推定事实之间虽然具有盖然性的联系，但这种联系是断裂的。第二，在外观主义场合，基础事实的公示性和公信力较强，例如登记文书具有非常强的公信力。第三，如果出现若干基础事实，其所表彰的内容不一致时，在外观主义场合下，对基础事实的选定要根据易得性的原则，即采纳相对人最方便认知的外观。例如，在证明股东资格的文件记载不相一致时，选择的顺序依次为工商登记、公司章程和股东名册。

〔1〕 邓子滨：《刑事法中的推定》，中国人民公安大学出版社 2003 年版，第 41 页。

二、推定与相关概念的比较（二）——基于一种认知方法

（一）推定与推理

裁判者运用证据认定案情时会采用多种方法，其中事实推理与事实推定〔1〕是最为重要的两种，这两种方法的运用，从根本上讲都离不开逻辑学的方法论指导。事实推理主要运用演绎推理、归纳推理、模糊推理与概率推理等逻辑推理方法。而事实推定的逻辑依据在于基础事实与推定事实之间存在着近似于充分条件逻辑关系的常态联系。事实推定属于或然性推理的范畴。

1. 事实推理

事实推理是指裁判者确认案件事实的推论过程，其目的是为审判推理建立逻辑小前提，为法官作出司法判决准备事实上的理由。〔2〕事实推理的核心内容是根据确信的证据对案件事实予以认定。在这一过程中，逻辑学发挥着举足轻重的作用。

（1）证据对案件事实的检验。证据是裁判者重构案件事实的根据和基础，但是证据却不能保证由其推得的案件事实必然为真。所以，对裁判者而言，证据的首要功能不在于证明而在于检验。

证据对案件事实的检验功能与逻辑学中假说的检验原理非常类似。一般而言，对假说 H 的检验是通过以下方法进行的，即根据已经普遍接受的辅助性原理，从假说 H 中推论出一系列待检验命题 E，然后，通过检验 E 的真假，间接地验证 H 的可信性。

---

〔1〕此处“事实推定”是指对事实的推定，包括立法推定与司法推定，而不是学界与“法律推定”作对应划分的“事实推定”。

〔2〕王洪：《司法判决与法律推理》，时事出版社 2002 年版，第 11 页。

与侦查人员“从证据提出合理假说”的思维模式不同，审判人员是“以证据验证给定的假说”（即在公诉书中的指控假说或原告（人）提出的诉讼事实假说基础上形成的案件事实假说）的。我们将待证案件事实作为一个假说（H），已知为真的证据作为检验命题（E），根据实践经验（即 H 与 E 的条件关系），我们可以由 E 检验 H 的真假。

比如，待证案件事实为“某甲杀人”（假说 H）。根据经验性知识“如果某甲杀人，则某甲有作案时间”（H→E）以及已知为真的证据“某甲没有作案时间”（¬ E），可以推出案件事实“某甲杀人”为假（即¬ H）的正确结论。这里实际上运用了逻辑学上的“否定后件式”的充分条件假言推理。

如果某甲杀人（逻辑前件），则某甲有作案时间（逻辑后件）（H→E）

某甲没有作案时间（否定逻辑后件）（¬ E）

所以，某甲没有杀人（否定逻辑前件）¬ H

可见，推翻错误的假说是一个完全合乎逻辑必然的演绎推理过程。但是根据逻辑规则，对于充分条件假言推理，“肯定后件式”不是正确的推理形式。如果能够证明“某甲有作案时间”，即肯定了后件，我们却不可以得出“某甲是杀人凶手”的结论。因此，对假说的确证和否证在逻辑上是不对称的，否证优于确证。也就是说，检验命题（证据 E）被否证必然导致假说（案件事实 H）的被否证；检验命题被确证却不能导致假说的被确证，而只能获得一个或然性的结论。在实践中，单个证据只能产生否证案件事实的作用，不可能必然确证案件事实，就是这个道理。但是，如果在一个假说中存在若干检验命题（证据），而各检验命题均被确证，那么虽不能由此确证假说命题（案件事实），但是对法官产生确定的心证仍然具有积极的作用。事实推理是在法律制度框架下对案件事实的推论过程，是思维与实践高度统一的实践理性活动，具有形式理性和实质理性。实施推理的过程不仅仅是一个逻辑的过程，还是一个价值判断与利益衡量的过程。在对案件事实的探究中，经过对证据证明力的判定、对案件事实的推理和司法归类的活动后，若法官形成内心确信，则得出用以作为司法判决小前提的裁判事实；若不能形成内心确信，即根据已有的证据推不出裁判事实，那么只能诉诸证据法规则，由举证责任判定该事实的存在与否，如刑事诉讼中的“疑罪从无”和“无罪推定”以及民事诉讼中的“谁主张谁举证”和“举证不足承担败诉风险”原则。这涉及不同的诉讼证明标准问题以及实质推理问题，在此不作赘述。

（2）事实推理的逻辑方法。事实推理运用最多的逻辑方法当属传统逻辑之演绎推理与归纳推理及现代逻辑之模糊推理与概率推理，它们均为形式推理方法。辩证推理虽为辩证逻辑研究的对象，但由于其在本质上属于实质推理方法，所以应划归哲学方法类。而类比推理兼具形式推理与实质推理双重属性，因此也不应算作典型的逻辑方法。①演绎推理：演绎推理由于其前提蕴含结论，所以是一种能从前提必然得出结论的推理，其思维进程是从一般到特殊。在司法实践中，裁判者进行事实推理所采用的多是演绎推理中直言三段论（即性质判断三段论，下文简称三段论）、选言推理、假言推理这几种间接推理方法，其中三段论是最为典型的演绎推理方法。三段论是由两个包含一个共同概念的直言判断作为前提，并借助于这个共同概念的联系作用从而推出一个新的直言判断的推理。例如，根据常识性大前提“死后被抛入水中者（P）肺里不会有‘硅藻’反应（M）”和已经过判定可以使用的证据（作为小前提的鉴定意

见）“该死者（S）肺里有‘硅藻’反应”，进行三段论推理，可以得知事实“该死者（S）不是死后被抛入水中者（P）”。②归纳推理：归纳推理是以某类事物的个别性、特殊性情况为前提，推出反映全类一般性、普遍性情况的结论的推理。归纳推理的基本逻辑形式是：

S_1 是 P

S_2 是 P

S_3 是 P

⋮

Sn 是 P

S_1、S_2、S_3……Sn 均为 S 类的对象

所有 S 都是 P

比如，有证据证明某甲对被害人进行过殴打，某乙对被害人进行过殴打，某丙对被害人进行过殴打，而某甲、某乙、某丙都是某犯罪团伙的成员，所以，某犯罪团伙所有成员都对被害人进行过殴打。由于归纳推理的结论超出了前提断定的范围，所以它是一种或然性推理，前提的真实并不能保证结论的真实。③模糊推理：模糊推理属于现代逻辑的一种，它是从至少含有一个模糊命题的前提推出模糊命题结论的推理。模糊推理的一般逻辑形式是：

S 具有 W 属性

S 和 P 是近似相等的

P 多少具有 W 属性

与传统二值逻辑的精确推理规则相比，模糊推理是一个似

然推理，其真值和推理规则均具有模糊性。在证据学中，对案件事实进行模糊推理，往往是基于不精确的证据事实，所以一般来讲，在举证责任倾向于举证特别困难的一方当事人的案件里，法官会采用此种推理方法。下面以日本一起医疗过错责任案为例进行说明。〔1〕该案当事人因注射而发生皮下肿胀发炎以致腐烂。案件争议的焦点是医生注射时是否存在主观过错。当事人主张，皮下肿胀发炎以致腐烂是因为注射器消毒不彻底。一审认定，注射药水有问题，而注射器消毒也确实不彻底，因此，医生存在医疗过错。一审被告以当事人并未主张注射药水有问题这一事实为由提起上诉。但上诉法院认为，注射药水有问题和注射器消毒不彻底都构成了医疗行为的过错。无论推断哪一种过失，作为认定过失的事实都是明确的。于是驳回上诉，维持原判。在这一判例中，上诉法院驳回被告以“当事人主张‘注射器消毒不彻底’（S），而没有主张‘注射药水有问题’（P）”为由提起的上诉，其理由在一定程度上就构成了一个模糊推理，即：

S 多少是构成医疗行为过错的原因
P 和 S 在医疗行为过错上是大致相等的

P 多少也是构成医疗行为过错的原因

在医疗事故责任纠纷中，身为患者一方的当事人往往限于对医疗专业知识的缺乏，不可能也没有必要对医院是否存在主观过错全面举证，也不可能对产生纠纷的种种可能原因予以确

〔1〕 日本最高裁判所，1957 年 5 月 10 日民事判例集第 11 卷第 715 页。转引自张卫平：《程序公正实现中的冲突与衡平——外国民事诉讼研究引论》，成都出版社 1993 年版，第 37~38 页。

定，比如本案的“注射药水有问题”等。作为原告，他只需为一审法院判决的模糊推理提供一个模糊命题，即“注射器消毒不彻底”即可，至于“不彻底”到什么程度，不必达到确信的标准。此时作为被告的医院方面，如果对“注射器消毒不彻底”没有提出异议，法院就可以模糊推定其负有过失责任。④概率推理：概率推理包括频率论概率论和贝叶斯概率论两种方法。频率论概率论主要是从已观察到的频率推出未观察到的频率以支持一个预言的过程，其结论（预言或预测）只具有“有限的有效性”。贝叶斯概率论在法官对证据证明力强度进行判断中具有重要作用（有关概率方法的具体内容参见本书第四章第二节）。在适用陪审团审判的国家，当案件事实不确定时，起诉律师经常会采用概率推理方法，其目的是说服陪审团或法官在认定案件事实时相信其得出的关于事实真相的推测结论。但法官会指示陪审团，在认定事实上不能接受“超出合理怀疑”的证据。即只有陪审团“无合理怀疑”的确凿证据才能被用来认定被告人有罪。由于概率性证据不具有确凿性特征，所以概率推理在刑事案件中对被告人作有罪认定方面所起的作用十分有限。

2. 事实推定

从本质上讲，推定也是一种推理。它与其他推理具有相同的逻辑基础，是推理在证据法学上的具体运用结果。由逻辑原理可知，任何推理都由前提命题（诉讼证明中称为前提事实）和结论命题（诉讼证明中称为结论事实）两部分组成。之所以能由前提命题推出结论命题，是因为在前提命题与结论命题之间存在着某种逻辑联系。逻辑联系不同，推理的性质就不同。在逻辑学上，推理有直接推理与间接推理之分，间接推理又有演绎、归纳、类比推理之分，推定所运用的仅限于间接推理中的演绎推理原理。具体而言，其属于假言推理的范畴，即充分条件假言推理。其结构主要包括三部分：前提事实、基于前提事实所认定的事实（推定事实）以及前提事实与推定事实之间的逻辑联系。

（1）前提事实与结论事实之间的逻辑联系。我们用 p 表示前提命题，用 q 表示结论命题。我们说，前提命题 p 与结论命题 q 之间在逻辑上的联系无外乎两种——必然性联系（即当 p 存在时，q 一定存在或一定不存在）与或然性联系（即当 p 存在时，q 不一定存在或不一定不存在）。依据概率理论，或然性联系又分为三种情况：当前提命题 p 存在时，结论命题 q 存在的概率小于 0.5，此时 p 与 q 称为例外联系；当前提命题 p 存在时，结论命题 q 存在的概率近乎 0.5，此时 p 与 q 称为中立联系；当前提命题 p 存在时，结论命题 q 存在的概率大于 0.5，此时 p 与 q 称为常态联系。

在诉讼证明中，如果前提事实 p 与结论事实 q 之间具有必然性的逻辑联系，即当 p 事实存在时，q 事实一定存在而不可能不存在（我们称之为必然肯定关系）或者当 p 事实存在时，q 事实一定不存在而不可能存在（我们称之为必然否定关系），那么就构成了诉讼证明中的必然证明。其推理形式分别是：

①（p→q）∧p→q

例如，如果在案发现场发现了辛普森的脚印（p），那么证明辛普森曾到过现场（q），而在该案发现场发现了辛普森的脚印（p），所以，辛普森曾到过该现场（q）。

②（p→¬q）∧p→¬q

例如，只要张在玉生还（p），就证明并非佘祥林犯有起诉书指控之罪（q），现张在玉生还（p），故佘祥林没有犯起诉书指控之罪（¬q）。

“①”得出的结论是事实 q 存在。“②”得出的结论是事实

q 不存在，其结论都是必然的。之所以能由 p 存在推出 q 必然存在或 q 必然不存在，是因为其前提中 p 与 q 之间具有必然联系。这是典型的充分条件假言推理中的肯定前件式：当前提命题真，结论命题必真。前提对其结论的支持程度是充分的。

如果前提事实 p 的存在与结论事实 q 的存在与否之间具有的逻辑联系是或然的，则构成了诉讼证明中的或然性证明。在或然性证明中，前提事实 p 仅是结论事实 q 的近似充分条件，即由前提事实 p 的存在只能推得结论事实 q（或非 q）的可能存在。

（2）完全证明与事实推定。诉讼证明中，认定案件事实的方法有两种：一是运用证据进行完全证明，二是事实推定。这是各国司法实践中公认的基本法则。[1]其中，完全证明[2]是认定案情的主要方法，它包括如下两种情形：①不仅前提事实 p 的存在有证据证明，而且结论事实 q 的存在或不存在也有证据证明，那么由 p 到 q 的证明就是完全证明；②只有前提事实 p 存在的证据而无结论事实 q 存在或不存在的证据，但由于前提事实 p 与结论事实 q 之间具有必然联系，p 的存在在逻辑上保证了 q 也必然存在或不存在，亦即存在法律上所谓的免证事实，那么由 p 到 q 的证明也是完全证明。例如，父母的血型都是 O 型与其子女的血型是 O 型之间具有必然的联系。当有证据证明某父母的血型都是 O 型时，则其子女的血型为 O 型是必然的，无论有无鉴定意见作为证据支持都不会动摇这一事实。

事实推定是一种不完全证明，它是完全证明的有效补充。一般来讲，案件事实主要是依靠完全证明来认定的，但当有关案件事实无证据证明，而证明该事实的存在或不存在对于认定

〔1〕 李浩：《民事举证责任研究》，中国政法大学出版社 1993 年版，第 186 页。

〔2〕 本书有关“完全证明”的概念及相关研究理念，参见张继成：“事实推定的逻辑基础”，载《北京科技大学学报（社会科学版）》2002 年第 2 期。

全案事实又至关重要时，或者虽然获得该事实的证据的可能性是存在的，但却非常困难时，适用完全证明显然不能解决案件事实的存否问题。这时，推定方法成为认定案件事实唯一的选择。所以，世界各国都非常重视对推定的理论研究。

（3）推定方法的逻辑依据。相对于完全证明而言，推定只是认定案件事实的特殊或补充方法。它只在仅有基础事实的证据而无推定事实的证据时才予以运用，所以它的证明力与完全证明相比显然要小得多。

推定的根据在于基础事实与推定事实之间存在着常态联系。如前所述，常态联系虽然也是或然性联系的一种，但由于在常态联系下，基础事实与推定事实一般情况下是相随共现（或不共现）的，很少出现基础事实存在而推定事实不存在（或存在）的情况。也就是说，当基础事实出现时，推定事实也出现（或不出现）的概率极高，基础事实与推定事实之间具有近似于充分条件的逻辑联系。所以，当基础事实出现时，根据经验和没有出现反例，我们有很强的理由相信推定事实也出现或没有出现。基础事实与推定事实之间的高度盖然性常态联系，为我们相信推定事实也存在或不存在提供了近似充分的理由。相反，如果诉讼证明中明知基础事实与推定事实之间的联系是中立的或例外的，而且又无证据证明推定事实的存在，仅凭基础事实存在而推断推定事实存在（或不存在），这是违背常理的。所以，推定的逻辑依据必须是在基础事实与推定事实之间存在高度盖然性的常态联系。推定依据的只是基础事实与推定事实间的常态联系，而常态联系毕竟不是必然联系，从逻辑上说，事物之间的这种规律性或常态联系基于人们长期观察与实践经验的积累，属于“不完全归纳推理”的范畴，因此一定存在着例外。所以，虽然基础事实存在时推定事实也存在或不存在的可

能性大，但并不是说相反情况不会存在。故而推定事实不同于一般的逻辑思维形式，它还应遵循一定的法律规则，允许当事人提供反证。推定作为一种证据规则，当一方当事人证实了某一事实而导致另一种事实假定被证实，对方当事人可提出反证来推翻这种假定，或者说，使假定处于前后矛盾状态。[1]例如：父母的血型不都是O型与子女的血型不是O型之间的联系就是常态联系。当已知某父母血型不都是O型时，我们就可以推定其子女的血型不是O型，其结论的可信度是非常高的，但仍有例外。根据有关资料可知，当父母的血型分别为A /O ，B/O时，其子女的血型为O型的概率为0.25。当父母的血型分别为A/A、B/A、B/B型时，其子女的血型为O型的概率都是0.062 5 ，只要我们能找到其父母的血型不都是O型或都不是O型而其子女的血型却是O型的实例，就可以反驳上述否定型的常态联系。

（二）推定与间接证据证明

推定不是一种证明方法，它是事实认定主体在能力不足以满足需求时的一种无奈之举。司法证明可以分为通过直接证据进行的证明和通过间接证据进行的证明，其中通过间接证据进行的证明与推定容易混淆。

1. 间接证据证明

我国大陆学者们对于间接证据概念的定义通常为以间接方式与案件主要事实相关联的证据，也就是必须与其他证据连接起来才能证明案件主要事实的证据，也称作旁证。[2]在我国台湾地区，很多学者也持类似观点：……间接证据，系证明推理主要事实之间接事实之证据。具有盖然性，或称可能性。[3]

---

〔1〕 陈桂明："论推定"，载《法学研究》1993年第5期。

〔2〕 何家弘、刘品新：《证据法学》，法律出版社2004年版，第136页。

〔3〕 陈朴生：《刑事证据法》，三民书局1979年版，第136~137页。

间接证据对案件主要事实的证明是通过推论发生作用的。按照《汉语大词典》的解释，推理（reasoning）是从已知的事实或判断出发，按照一定的逻辑规律和法则，推导出新的认识或判断，它是人们认识事物的一种内在逻辑思维方法。推论（inference）是指用语言形式表达出来的推理，是内在逻辑思维方法的外化形式。由于运用间接证据证明案件事实过程不同于一般的认识过程，其属于司法证明过程，因而更注重的是外在影响和效果，所以我们把运用间接证据证明案件事实的过程中所借助的认识环节称为“推论”更为合适，但是需要强调的是，它仍然是以推理为基础的。推定（presumption）的语词含义即根据推断进行判定，基于两个事实之间的一般联系或者常态联系规律，由一个事实的存在而认定另一事实存在的活动，推定也往往以推理为基础。

与直接证据证明相比较，间接证据的证明具有间接性特点，它对案件主要事实的证明有赖于若干间接证据的相互印证，并且需要通过推理得以实现。尽管如此，由于直接证据收集和审查上的困难，间接证据证明在司法证明中是必不可少的。间接证据的证明机制表现为若干证据相互组合形成的一个相互依赖、相互联结的证据体系。在运用间接证据证明案件事实时，明确推理的前提是非常重要的，因为推理的前提直接影响到间接证据的证明功能。间接证据的推理前提分为两类：必然真实性前提与或然真实性前提。其中，前者是客观真理或必然发生的事情，而后者只在某些情况下才为真实。或然真实性前提一般是在人们生活经验和知识的基础上形成的。人们在评断间接证据的证明力时，要分析其赖以连接事实要素的推理及其前提。以必然真实性判断为前提的间接证据的证明力大于以或然真实性判断为前提的间接证据的证明力。而在以或然真实性判断为前

提的间接证据中，前提为真的概率与其证明力成正比。

2. 推定与间接证据证明的区别

关于推定（此处主要指司法推定，下同）与间接证据证明的关系主要有以下几种观点：①推定不是证明，它与间接证据证明属于两种不同的认定案件事实的方法；②推定是直接证明和间接证明之外的一种特殊的证明方式，推定不能达到间接证明所要求的根据充分和结论具有排他性的要求，是一种降低了证明标准的证明方法；[1]③推定就是间接证据证明，因为它符合间接证据系指用以间接证明待证事实之根据，即先证明某事实，再由此事实推论应证事实之证据的基本要求；④推定是一种特殊的间接证明方法。它与运用间接证据进行证明存在着显著的区别：首先，推定作为一种证明方法并不一定以一定数量的证据存在为前提。其次，间接证据证明待证事实时所运用的推理是一种综合分析的方法，数个间接证据通过裁判者的逻辑结合共同指向证明对象。而在以证据证明的事实为基础事实的推定中，证据直接指向的是基础事实，而非推定的证明对象。最后，间接证据中的每一个证据都直接指向待证事实的某一个方面，而在以证据证明的事实为基础事实的推定中的每一个证据不一定都能证明待证事实的某一个方面。

笔者认为，上述几种观点若从不同的角度看，都有自己的一些道理，但是它们均在厘清了一部分关系的同时又混淆了另外一部分关系。笔者首先赞同上述观点一，即将推定与间接证据证明作为不同的认定案件事实的方法来对待。“推定”，顾名思义，是“推而定之”之意，它是一种推测、推断，是一种认定事实的方法，而不是证明。其次，推定所依据的经验法则是

---

〔1〕 裴苍龄：“论推定”，载《政法论坛》1998 年第 4 期。

一种或然性的事物，因此运用推定获得的结果不可能达到运用证明所能达到的真实程度。从这一点看，上述观点二有一定道理，但它使用的“证明标准”概念有失妥当。再次，认为推定即为间接证据证明的观点有些武断。理由不仅在于推定不是证明，还在于推定的适用主体只能是事实裁判者，这一点是非常重要的。另外，间接证据证明是直接针对主要事实的证明，即间接证据证明的对象是有待认定的事实本身。推定的目的在于认定推定事实的存在状态，而推定事实的存在状态本身却无法或者难以以证据证明来实现。基于基础事实与推定事实通常所具有的相随共现关系，推定通过对基础事实的证据证明进而完成对推定事实的认定。一言以蔽之，在推定中，证据证明（包括直接证据证明和间接证据证明）的指向是基础事实而非推定事实即待证事实自身。比如，某宾馆 603 房间客人甲于某夜被杀，待证事实是“隔壁 605 房间乙杀死了甲”（A）。掌握的证据包括：①该宾馆客房部登记表明，案发当晚乙住在 605 房间；②603 房间与 605 房间窗外相连的墙面上有经鉴定为乙的皮鞋划痕；③被害人甲房间窗台上有经鉴定为乙的指纹；④案发时段该宾馆六层楼道监控器显示没有其他人出入 603 房间；⑤603 房的另外邻间 601 房当晚没有客人入住。据此可以得出“乙是案发时段除被害人外唯一进入过 603 房间的人”（B）。由（B）作为基础事实，根据经验法则“案发时段唯一进入过被害人房间的人就是杀死被害人的人”，可以推定得出待证事实“隔壁 605 房间乙杀死了甲”（A）。在此过程中，证据①~⑤对于“乙是案发时段除被害人外唯一进入过 603 房间的人”这一事实而言都是间接证据（需要说明的是，此案中证据③对于本案间接事实“乙曾到过 603 房间”而言，是直接证据，但对于“乙是案发时段除被害人外唯一进入过 603 房间的人”这一能推定出“乙杀

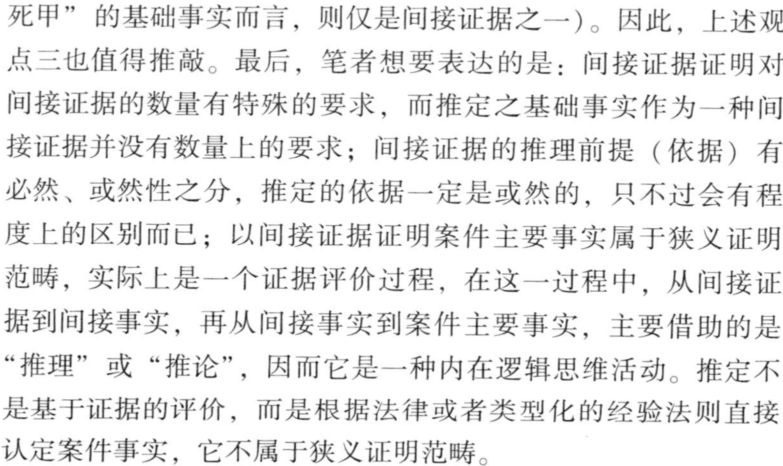

死甲”的基础事实而言，则仅是间接证据之一）。因此，上述观点三也值得推敲。最后，笔者想要表达的是：间接证据证明对间接证据的数量有特殊的要求，而推定之基础事实作为一种间接证据并没有数量上的要求；间接证据的推理前提（依据）有必然、或然性之分，推定的依据一定是或然的，只不过会有程度上的区别而已；以间接证据证明案件主要事实属于狭义证明范畴，实际上是一个证据评价过程，在这一过程中，从间接证据到间接事实，再从间接事实到案件主要事实，主要借助的是“推理”或“推论”，因而它是一种内在逻辑思维活动。推定不是基于证据的评价，而是根据法律或者类型化的经验法则直接认定案件事实，它不属于狭义证明范畴。

（三）推定与自由心证

1. 自由心证

与“法定证明”相对，“自由心证”是法官“运用证据认定案情”的一种模式。在实践中，人们多将法官的自由心证过程等同于认证，而事实上这两者并非一回事。认证活动既包括法官对证据能力的认定，又包括法官对证据证明力的判定。而自由心证则仅是法官通过判断证据的证明力大小从而对案件事实予以认定的过程。自由心证的产生是必然的。这是因为，在诉讼活动中，案件的具体情况常常以出人意料的方式发生，证据事实与待证事实之间联系的多样性使人们无法以某一种特定的方式对其进行概括。而任何法律都存在先天的涵盖性和模糊性，在证据证明力的判断上，既定规则总是无法满足现实需要。即便有法律上明确的可操作的具体指引，但将这种静态规则运用于鲜活的待证事实，本身也需要一个主观的认知过程。所以，人们经过长期实践和理性的选择，最终确定：法律不预先规定各种证据的证明力和判断证据的规则，证据的取舍、证明力的大小、案件事实的认定一概由法官或陪审团自由判断。

自由心证的过程就是裁判者依据经验法则与逻辑规则对手中的证据进行分析评判，以求证据确实充分、结论唯一排他的过程。严格遵循逻辑规则是裁判者形成心证的一项必然要求。运用证据认定案情的过程就是一个分析、判断和推理的过程，裁判者必须遵守思维基本规律与逻辑规则，保证证据体系的可靠性和严密性。排除证据间的矛盾，正确合理取舍证据并确定诸证据的证明力高低。裁判者必须正确运用演绎、归纳、类比推理，考量、判断证据与案件事实关联性之因果关系的贡献性、充分性、必要性、充要性或无因果性。合理运用经验法则也是裁判者形成心证的一项必然要求。这其中既包括对证据表面包含信息的评判，也包括对证据背后隐藏信息的评判。经验法则反映的是通常情况下事物的性质或事物间关系的一种可能性。从其本质来讲，经验法则并非抽象定型的法则，而是由生活经验所得并以具体动态的内容为特征的法则。实践中，为心证之裁判者运用的经验法则当然是很多的，其中较为重要的包括裁判者自身的直觉、事物的常理、司法先例、对法律精神的理解等。

关于直觉在司法推定中的作用，笔者将在第四章第三节详述。“原罪推心、常理查断”是法官办案常用的一种思维方法。三千多年前所罗门利用人之常情智断“二母争子案”至今被人们传为佳话。我们说证据本身是各自独立的，而且证据的这种独立性更突出地体现在它与案件事实的关系上。法官的感受并不能成为证据，但是具有丰富人生阅历的法官面对独立于案件事实的证据，需要凭感受确定证据与案件事实间的常理联系。社会其他主体可以尽其所能提供证据以影响裁判者，但是在作出最后判断的问题上，谁也不能越俎代庖。在自由心证范围内，证据之凭信力、证据与案件事实之间的相关性及相关程度全部

委之于法官自由判断。法官必须综合权衡案件的具体情况，凭借理性、良知和对事态的常理感受，判断能否形成关于待证事实的确实心证，从而作出判决。

经验实际上是一种客观规律，它必然会蕴含着一定的科学道理，只不过这些科学道理有的已被发现证实了，有的正待被发现。我们常把中世纪法兰西王国曾推崇的“面包奶酪审”作为神明裁判的一种，而现在我们知道，“面包奶酪审”其实也有其不容忽视的科学道理。人在高度紧张时唾液分泌量减少，自然会影响其咀嚼吞咽。这样看来，当年运用此方法的法官已在无意识地尝试着以经验法则来裁断案件了。

其实，判例也是英美法系国家的法官依据经验法则形成心证的主要形式。面对一个棘手的案件，法官不可能无视一个相关的权威判例。在这里，探究案件是否类似、证据的采信方法是否类似就成为法官所要解决的核心问题。

在法官那里，遵循经验法则的另一项内容应该算是对法律精神的深刻理解。一个具有深厚专业功底和丰富审判经验的法官会透彻领悟法律精神，发掘立法本意，将法律原则烂熟于心并在心证形成过程中自觉运用。

作为一种制度，自由心证的最大的特点就在于，认定案件事实完全听凭法官和陪审团成员自己理性的启示和良心的感悟来自由判断，法官与陪审团成员必须在自己内心深处形成确信。从内容上看，法官这种确信的形成需要适用上述那些具有客观性的经验法则，而经验法则的客观性往往是以盖然性命题形式出现的。由于经验法则普遍性程度不同，盖然性程度也会有高低之分。在自由心证制度下，高度盖然性既是自由心证的基础，同时也为法官确信的尺度提供了明确的依据，起着限制心证过度自由的作用。也可以说，高度盖然性实际上充当自由心证下形成心证的最低限度标准。大陆法系以高度盖然性为一般民事案件的证明标准，其重要的理论基础就在于与人类通常的认识规律、经验和生活习惯保持一致，从而使判决获得广泛的社会认同以及较强的司法公信力。从这一点上讲，自由心证与推定有相当的契合。可以说，英美法系对推定持认可的态度，与自由心证在英美国家深入人心有直接的关系。〔1〕

2. 推定与自由心证

陪审团及其自由心证是一种有能力运用推定的审判机制，推定的基础是经验常识，陪审团自由心证依靠的是公众良知。作为一种权力机构，它有着裁断有罪还是无罪的权力，又不容易产生擅断。只要推定是以普通人的经验为基础的，只要推定的运用者是有良知的普通人，那么推定就是可以运用的。当然，推定的结论不可能百分之百正确，不过，世界上过去没有、现在没有、将来也不会有百分之百正确的刑事审判手段。〔2〕

大陆法系赋予法官更大的权力，并不像英美法系那样依赖陪审团，但大陆法系国家的法官进行裁量时，所依据的仍然是以论理法则与经验法则为基础的自由心证。论理法则系指数学或逻辑学、物理学、化学、法医学、精神医学、药学、心理学等各种自然科学上已经证明毋庸置疑的法则。经验法则系指人类经由日常生活的经验归纳而成的合理法则，故非如论理法则般为自明的先验法则，亦非科学上之因果法则，而为一种盖然的合理法则。得为裁判基础之经验法则必须是科学上之经验法则，而非一般肤浅之经验法则，故自由心证主义不但是合理之

〔1〕 邓子滨：《刑事法中的推定》，中国人民公安大学出版社 2003 年版，第 45 页。

〔2〕 邓子滨：《刑事法中的推定》，中国人民公安大学出版社 2003 年版，第 47 页。

心证主义，同时亦为科学之心证主义。[1]可见，大陆法系法官依据自由心证的原则也是有能力运用推定的，不过，其危险性要高于英美陪审团对推定的运用。因为再高明的法官单独一人对于经验常识的把握，一般情况下不如陪审团那样准确。

推定的运用与自由心证原则具有同源性：首先，推定得以建立的基础就是自由心证这一证据评价原则。推定不能说就是自由心证，因为推定要遵守相应的有形规则，但是“运用推定方法认定事实”这一现象却体现了自由心证精神。所以，从某种意义上讲，自由心证是一个属概念，而推定则是这个属概念之下一个特殊的种概念。事实裁判者对案件中的所有证据逐个审查并进行综合分析，确定每个证据的真实性、与待证事实的关联程度以及证据链条对案件证明的充分性，在将证据个体与案件事实进行联系时必然要用到各种形式的推理，实行各种直接、间接证据的证明活动。这个过程实际上就是裁判者的心证过程。有时一些事实情况是无法通过证明方式获得的，但是裁判者认为基于它与已经确证的事实（证据）之间的常态联系能够对其予以认定进而认定之，这就是在进行推定。可见，推定是裁判者自由心证的体现，也是自由心证原则的结果。其次，事实推定权是自由裁量权的子权力。事实推定是一种司法技术，是法官根据自由裁量权所作出的、解决法律适用过程中之困难的一种手段。由于事实推定的适用情况举不胜举，所以通常以概括的方式将事实推定权赋予法官，允许法官灵活处理法律实践中的诸多问题。肯定事实推定，实质上就是肯定法官主观能动性，也是肯定法官在事实认定方面行使自由裁量权。再次，推定的运用是“法律真实”这一证明标准对自由心证的要求。

---

〔1〕 吴景芳：“独立审判与自由心证”，载吴景芳：《刑事法研究》，五南图书出版有限公司 1999 年版，第 219、221 页。

自由心证即是法制社会顺应认识的客观规律而赋予法官的一项权力，它促成法官对法律真实的追求，法官进行推定得出的结论当然只能是一种法律真实，也就是说这一结果并不是绝对正确的，当然这种法律真实还是最大限度地追求与客观真实保持一致。在一些不符合自然理性的推定中，价值因素成为推定的首要考虑因素，因此经过法律程序得出结论仅仅是司法实践解决问题的一种方法，而不考虑这种推定结论是否与客观真实完全相符。再者，经验法则既构成事实推定的基础，同时也构成对法官行使在事实认定方面的自由裁量权的内在限制。自由心证的本义并非将事实认定委由法官恣意为之，而是认为错综复杂、变化无穷之社会现象之实体由法官依据经验法则和逻辑法则来认定是最好的方法。另外，推定可以看作是证据证明的一种辅助手段。不过，这种辅助手段的重要性在于，它与证据证明在比较运用的意义上时刻相伴存在。因为对一个案件的证明程度实际上与证明标准有关，证明标准的高低要在比较中才得以显现。当诉讼中适用推定会招致很多人的警惕和反对时，若是能够在证明标准和举证责任上给予一个合理的说明，那么法官的自由心证过程就会给予这种推定以认可，使得推定的适用带有相当的合理性。

（四）推定与判例法

鉴于判例法的实质与事实裁判者运用推定方法认定案件事实的精神的一致性，本部分所讲的推定主要是指司法推定。

1. 判例法及其适用原则

所谓判例法，是指某一法院的判决，或者一个判决所含有的法律原则或规则，对本院甚或对其他法院以后的审判具有作为前例的约束力或说服力。判例法是相对于大陆法系国家的成文法或制定法而言的，它是英美法系国家的主要法律渊源。判

例法的来源不是专门的立法机构，而是法官对案件的审理结果，它不是立法者创造的，而是司法者创造的，因此，判例法又被称为法官法或普通法。判例法的基本思想是承认法律本身不可能完备，立法者可能只注重于一部法律的原则性条款，法官在遇到具体案情时，应根据具体情况和法律条款的实质，作出具体的解释和判定。判例法在适用中要遵循一定的方法和技术，这些方法和技术通常表现在司法过程中对判例的遵循、分析、归纳、解释和创制。

（1）寻找判决根据——规则主义与怀疑主义。判例法适用的基本原则是“遵循先例”，该原则是拉丁语“遵守判例，不扰乱确立的要点”〔1〕的简略形式，指某个法律要点一经司法判决的确定即构成了一个日后不应背离的先例，或者说，一个恰好有关的先前案例必须在日后的案例中得到遵循。然而，并非司法判决中所作的每一个陈述，都是一种应当在日后案件中加以遵循的权威性渊源，只有那些在早期判例中被称为该案件的判决根据的陈述，才能在日后的案件中被认为是具有约束力的。〔2〕因此，在司法过程中，法官通常在找到相关的先例后，还要寻找先例中的“判决根据”，只有“判决根据”被认为可以适用于当前案件事实情况时，先例才可对当前案件产生实在的拘束力，所以，“判决根据”的寻找是判例法适用的重要环节。然而，“判决根据”并不一定是先例结构中的某一特定部分，它是法官在先例中明确表示或蕴含的直接支持其判决的法律规则或原则。有时先例中会存在两个或更多的直接支持判决的规则或原则，

---

〔1〕［美］E. 博登海默：《法理学——法哲学及其方法》，邓正来、姬敬武译，华夏出版社1987年版，第521页。

〔2〕［美］E. 博登海默：《法理学——法哲学及其方法》，邓正来、姬敬武译，华夏出版社1987年版，第530页。

这样判决中就可能有多个“判决根据”。因此，“判决根据”的寻找极为复杂且具有高度的技术性。

英美法官通常用两种方法确定判决根据——规则主义方法和怀疑主义方法。英国人倾向于采用规则主义方法，而美国人倾向于采用怀疑主义方法。

规则主义方法认为，一个先例的判决根据是由做出判决的法官提出来的，应当从先例法官的语言表述中确定判决理由并使其规则化。规则主义方法关注的是先例中的形式性要素，如法院的等级、先例的法律效力、先例法官的语言表述等。塞曼勋爵在 1972 年琼斯诉国家公众服务署案中说：“在英国，长期以来一直都认为法官不是法律的创造者，只是法律的发现者和解释者。这个理论就是，每个案件服从相关的法律规则，这些规则都已经存在，只要运用足够的知识和智能，就可以通过某种方式发现这些规则。”〔1〕运用规则主义方法确定先例中的判决根据并赋予其一般规则的含义，使其从内容到形式都相对稳定。这常常将法官限定在严格规则的范围之内，使法官在当前案件中的自由裁量的范围相对缩小。

怀疑主义方法则认为，法官必须根据当前案件的特定事实裁断案件，遵循先例并不意味着对先例的机械性照搬。因为没有任何两个案件的事实完全相同，每一个案件都没有预先设定的解决模式，更何况先例所阐述的法律规则常常是含糊不清的，甚至可能是错误的。因此一个先例的判决根据不是由先例本身决定的，而是由处理当前案件的法官在运用该先例的过程中产生的。怀疑主义方法着重考察先例据以判决的实质性要素，诸如价值取向、社会理念等，并在法律的这种实质意义上确定判

〔1〕 何宝玉：《英国合同法》，中国政法大学出版社 1999 年版，第 26 页。

决理由，而不拘泥于先例的形式性要素，如法官的文字表述。法官应试图从裁决当前案件具体争议的需要出发，对先例的判决依据进行实质性考量，确定判决理由，并试图将其适用于当前案件。

（2）获取对本案适用的先例规则——形式推理与实质推理。任何一个法官在审判过程中，都可能会运用两种推理模式：形式推理和实质推理。形式推理是一种逻辑推理过程，是指根据现有法律规则推论出本案的结论；实质推理是一种政策考量过程，指依据法律精神、正义观念、国家政策、道德伦理和社会习惯等实质性因素来裁决争议。应当说，形式推理是最为常见的模式，实质推理起着辅助和修正形式推理的作用，法官一方面要引证先例作为判决的权威依据，另一方面也应陈述实质理由以增加判决的说服力，最终的判决是通过这两种推理路线获得的。从先例确立的法律规则和原则中推出本案结论，通常要用到演绎、归纳、类比等形式推理方法。其中，从诸多与本案有关的先例中总结出适用本案的法律规则的归纳推理形式，在判例法的适用中起着主导作用。归纳推理是从以往的案件到目前的案件，不仅是法律适用过程中所必需的推理，而且也发展了法律规则，因为这个过程包含了对以往先例的考察，并将其原则适用于新的社会情况。新情况不断增加，先例的规则就会不断变化。

一般而言，与本案有关的先例往往不止一个，双方当事人的律师总是引出许多先例为自己一方辩护。该情形下法官不应只依据某一先例就作出判决，而应逐一研究每一先例，从诸多先例中总结出适用本案的法律规则。引用的先例愈多，判决就显得更令人信服。而且单个先例中的规则往往是针对其自身案件性质作出的，可能会被认为是不恰当的，这时法官需要比较各案有关的事实和判决，从中归纳出适当的法律规则。法官对先例的态度与认识不同，从中归纳的结论也会不一致。法官可能从先例中归纳出很具体的规则，也可能归纳出很抽象的规则，如此其适用范围就会大不相同。〔1〕

有时候，实在法未授予法院任何特殊权力去根据衡平法的考虑裁决“未规定案件”，法院却以“自然主义与理性”为由而对新的情形加以救济，这便是与形式推理相对应的实质推理

〔1〕 在1916年美国的“麦克弗森诉别克汽车公司案”中，被告别克汽车公司向汽车零售商出售一辆别克汽车，零售商又把此车售给原告麦克弗森。由于一车轮在制造上有缺陷，致使汽车在行进过程中突然翻倒致原告麦克弗森受到伤害。有关证据表明，如果事前被告对车轮进行合理的检查就能发现其缺陷，但被告没有这样做。而由于原告并非直接从被告那里购得该汽车，所以被告应否承担过失责任，尚属疑问。这成为该案处理的关键问题所在。卡多佐法官引证了许多先例，试图从诸多先例中归纳出适用本案的法律规则。1852年“托马斯诉温切斯特案”中，被告由于过失把颠茄剂这一毒药贴以蒲公英制剂的标签，出售给药剂师。药剂师又将此药卖给原告，致原告中毒。法院判原告胜诉，认为把毒药错贴标签会给任何得到它的人带来急迫的危险，不论药物的合法使用者是否与被告有合同关系，都应负过失责任。而1882年的“德夫林诉史密斯案”中，被告制造一有缺陷的脚手架并将之卖给油漆师，结果油漆师的雇员从脚手架上跌下致死。法院判决原告胜诉，理由是“像脚手架这样的东西，如果在制造上有问题是极其危险的。被告知道脚手架是给工人用的，因此，不仅对与其有合同关系的油漆师，而且对与其无合同关系的工人，被告都有确保质量的义务。”在1909年“斯塔特勒诉雷制造公司案”中，原告从批发商那里购得一个被告制造的大咖啡壶，由于做工有缺陷致使咖啡壶在加热过程中爆炸，原告严重受伤。法院判决原告胜诉。因为像咖啡壶这类东西，如果在制造上有问题，使用时会给许多人带来严重的危险。通过考察这些先例及其他先例，卡多佐法官得出了适用本案的法律规则。他在判决中指出：具有急迫危险的产品概念并不局限于毒药、爆炸物或其他同类物品，而应扩大到对人身有危险的一切物品。一切物品如果制造上有过失，依其本质，可合理确定其将使生命和躯体处于危险之中，那么它就是一件危险物品。除此项危险因素之外，制造商者知悉该物品将由购买者之外的第三人不经检验而使用，则无论有无契约关系，该危险品的制造者都负有仔细加以制造的义务和责任。卡多佐法官在该案中宣布：制造商给予注意的责任不受合同关系的限制，受害人无须与制造商有相互关系即可获得赔偿。纽约州法院依此判定别克汽车公司应向麦克弗森承担过失责任。

的具体应用。实质推理是指在没有适用于本案的现行法律规范或对现行法律规范存在疑问时，依据法律精神、正义观念、国家政策、道德伦理和社会习惯等实质性因素来解决争议。实质推理是判例法适用过程中的重要推理形式，它可以弥补形式推理的不足，也可丰富现有的法律规范。究竟要遵循哪些先例、不遵循哪些先例，法官可在实质推理的基础上作出选择。适用实质推理的场合包括：发生了新案件即出现了法律空缺；对本案存在有抵触的先例；适用有关先例会导致极端的不公正，等等。〔1〕

普通法国家的法院判决似一篇论文，其论据不仅包括先例或制定法，也常包括正义观、法律政策、道德信念与社会倾向等实质因素。形式推理体现了法律的强制性、稳定性和可预测性等性质，实质推理则反映了法律的合理性、灵活性和适应性等性质。

2. 推定与判例法

（1）经验哲学是推定与判例法共同的哲学基础。从某种意义上讲，无论是推定还是判例法制度，都不仅需要法官经验式的智慧和针对特殊案情的逻辑推理，而且需要一种蔚为大观的

---

〔1〕 在“麦克弗森诉别克汽车公司案”中，卡多佐法官在说明为什么要遵循前者而不是后者时进行了许多实质推理：无论如何，如果制造上有缺陷，汽车的性质决定了应对可能发生的危险提出警告。汽车按设计每小时要走 80 千米，除非轮子安全可靠，产生的伤害几乎是必然的。被告知道危险，他也知道汽车会被购买者之外的第三人使用，这从它的型号就可明显看出：有供三个人坐的座位。且从购买者是零售商，他要把买来的汽车转卖出去这一事实也可明显看出。从某些方面可以确定地说，零售商的确不是要使用汽车的人，可被告却要我们承认仅他是法律保护的对象，法律不会让我们得出这样不一致的结论；公共马车时代的先例不再适用今天的交通条件了，危险必须是急迫的这一原则并未改变，但适用这一原则的事物的确会变，不断发展的文明社会生活要求它们是什么，它们就是什么。显然，卡多佐法官在此是以汽车的性质和时代的需要来支持其法律主张的，其适用的实质推理很明显。

体系化的哲学来指导，这样，推定及判例法制度方能够真正变得理性。因为法官的经验式智慧只能针对个案，而判例法制度却要使作为个案的判例成为普遍适用的规则。经验主义哲学对于判例法制度的作用就在于使判例的制度化具有理性的哲学前提和基础。[1]从一定意义上讲，所谓注重先例，其实就是将行之有效的判例经验进行规范化、制度化和定型化。可以说，先例传统既是英国的一种制度性实践经验，同时又是建立在英国人民的社会和生活实践经验基础上的。因此，注重先例传统的判例法制度同注重经验传统的英国经验主义哲学在逻辑推理之路上是相同的。推定所遵循的原则是认真对待纷繁复杂的事物之间的一切差异性和个别性，其基本的理性不是一种先验的普遍主义的理性，而是经验的个别主义的理性。运用推理进行诉讼证明强调的是宏观建构与演绎逻辑，而推定方法则注重具体分析与归纳逻辑。

（2）判例及判例精神为法官推定的适用及推定依据的丰富提供了素材来源。由于法官采用的寻找方法不同及表述先例事实要素所用概念的抽象程度不同，不同的法官可能会从同一先例中找到不同的“判决根据”。澳大利亚法学家斯通认为：“‘判决根据’是一个语义指涉不定的范畴。先例中没有一个固定不变的判决根据，而是有许多潜在的判决根据。这样，法官就会有很多选择余地，法官总是根据他处理当前案件时的情况，依照他从他所在的社会中所摄取的价值观念作出选择，把新的社会内容注入其判决中，因而先例中‘判决根据’是不断更新、不断演变的。表面看，还是原来的判决根据，但由于后来法官的不同解释，往往会被赋予新的时代意义，这是普通法发展的

[1] 谢晖：“判例法与经验主义哲学”，载《中国法学》2000年第3期。

奥秘所在。普通法之所以有那么大的历史连贯性而不被时代的更迭所淘汰，就在于其‘判决根据’的可伸缩性。‘判决根据’是协调法律稳定性与法律适用性的内在机制。”[1]可见“判决根据”真正和详尽的含义往往是逐渐发展起来的，而且它还需要经过一系列涉及先例中所示情形的种种变化形式的判例的发展，直到一个具有例外的成熟的法律规则取代先例中不完善的阐述形式。也就是说，尽管先例试图确定某个法律规则，但它却无法明确规定该规则的外部界线，因此，还需要通过判例的整个发展过程来加以划定。判例法这种“站在巨人肩膀上”的形成机制，不仅能从先前判例中获知经验，而且其发展经验、扩充经验范围的精神与推定的机能同出一辙。在推定的适用过程中，法官亦需发挥个人主观能动性。知识领域的宽窄、经验的多寡、对事物间因果关联的理解与把握因人而异，因此，推定的适用往往会映现出法官个人的魅力。

（3）从某种意义上说，判例促成推定的产生及适用。可以说，推定与判例制度从一开始就是相随共伴的。法官引用先前判例，往往就是运用推定方法的结果，而判例在事实推定的产生和适用过程中，也扮演着重要的角色。毫无疑问，推定制度的早期设立并非通过制定法，推定的适用原则及其所依赖的经验法则均由法院的判例创立并由学说进一步发展。许多大陆法系国家如德国，其推定制度最初均体现于判例并被适用于侵权行为诉讼中，后来扩大适用于其他类型的民事诉讼中，并成为民事诉讼的重要制度。表见证明系由德国之判例形成之概念，最初仅适用于侵权行为诉讼、被害人就过失举证发生困难之情

---

〔1〕 J. Stone, *The Ratio of the Ratio Decidendi*, Modern Law Review, 1959, p. 22.

形，后又扩张至因果关系之举证。[1]在日本，表见证明和大致推定的概念也最早出现于判例，而不是出现在立法中。日本的经验法则也产生于判例，判例中关于经验法则的内容已成为学说论证经验法则的基本素材，也成为以后法院可以依据经验法则进行裁判的基础，同时也是最高法院以违背经验法则为由撤销下级法院裁判的基本依据。我国台湾地区早期对经验法则、论理法则以及表见证明研究的素材，主要有两个来源：一是德国和日本的判例与学说，二是我国台湾地区法院的判例。因此，判例也成为我国台湾地区经验法则和表见证明学说与制度得以确立的重要前提。由此可见，判例在大陆法系国家和地区事实推定制度产生的过程中，起到了至关重要的作用，成为事实推定制度确立的起点。[2]

（4）一般来讲，推定与判例制度的适用体现了相同的司法理念，即重视法律的实施与法官的作用。在判例法国家，法官就是会说话的法律，法院的判决书就是法律，法律帝国的首都就在法院。有拘束力的判例不是判决本身，而是判决理由，因此，希望自己所判案件成为经典判例，即为优秀法官的必然选择。为达此目的，他们必须在判决书中详细论证自己对法律和正义的理解。如此便产生了许多堪称辉煌的判决书，也从法官中造就了大批法学家。“遵循先例”同时意味着“法官造法”。而所谓“法官造法”的制度，极大地调动了法官的主观能动性，它在使法律保持稳定的同时也创造了法律与生活同步的活力。

法官通过判例获取对本案适用的先例规则时，所采用的实

〔1〕 雷万来：《民事证据法论》，台湾瑞兴图书股份有限公司 1997 年版，第 280 页。

〔2〕 赵信会：《民事推定及其适用机制研究》，法律出版社 2006 年版，第 110～113 页。

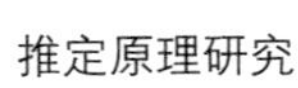

质推理与形式推理方法，恰恰也是推定之立法推定与司法推定的要义。另外，推定与判例二者在规范方式上也有惊人的相似性。例如，德国康采恩法为了防止企业规避法律，使用了大量的法律推定。而美国的“企业集团法”为了从实质上而不是从形式上判断企业的独立性，则采用了众多的判断标准，从这个意义上说，成文法中的法律推定与判例法中的各种标准在效果上是同质的。

第三章
推定的理论基础

一、推定的哲学本源

任何一项制度的建构都离不开一定的哲学基石，推定制度也莫能例外。探讨推定的哲学根基，不仅可为推定的建构找到合理的本源，也可为该制度的成熟与完善寻求一种世界观和方法论的指导。

（一）唯物辩证法基本原理是适用推定的哲学依据

唯物辩证法认为，世界上的一切事物都处在普遍联系之中，其中没有任何一个事物孤立地存在，整个世界就是一个普遍联系的统一整体。其中事物之间的因果联系具有普遍性和客观性，只有正确把握事物的因果关系，人们才能正确认识事物，才能提高活动的自觉性和预见性。认识事物时，应反对只知道结果而不去探究原因或者只看到客观原因而看不到该原因引起的结果的认识方法。唯物辩证法这一原理，为推定的适用提供了哲学依据。推定适用的基础就在于前提事实与推定事实之间所存在的稳定的、常态的因果关系。〔1〕

---

〔1〕 推定分立法推定与司法推定两类，立法推定的依据除事物间的常态（尤指因果）联系外，还包括立法者的价值取向等因素，而司法推定的依据主要是指事物间的常态联系。

唯物辩证法还告诉我们，在事物的发展过程中，必然性与偶然性是一对基本的哲学范畴。其中前者是事物的内在规律，是不以人的意志为转移、一定要发生的某种倾向或趋势；后者是与前者相对而言的，它是指客观事物在存在和发展过程中的不一定发生或并非确定不移的性质和趋势。必然性与偶然性是辩证统一的，必然性寓于偶然性之中，通过偶然性表现出来，偶然性是必然性的表现形式。必然性与偶然性所反映的是事物因果关系的特性。推定正是诉讼活动中，裁判者认识基础事实与前提事实之间因果关系的偶然性与必然性规律的途径和方法，是人的思维对规律的正确反映。〔1〕由于审判工作中所涉事物因果关系的多样性和复杂性，探寻这种因果关系的思维方式应该是一种或然性的思维方式。或然性是指事物的确定性因素与不确定因素综合作用形成某种结果的可能性。那么必然性概念就是人们从事物或现象之间的确定不移和不可避免中概括出来的，它排除了不可能性又表达着运动和发展的唯一可能性。这种必然性实际上是或然性的一极，即或然率等于1（假如我们将或然率用0到1的区间来表示）。换句话说，必然性也就是一种百分之百的可能性。绝大多数情况下的推定，反映了事物发展过程中的必然性趋势，在事物发展的过程中居于支配地位，因而符合事物发展的一般规律。偶然性是人们从与必然性相对立中提出来的，是一个与必然性相反的概念。实际上，纯粹的百分之百的偶然是不存在的，它只是作为与必然相对立的一极，存在于人们的思维抽象之中。因而就推定适用的整体效果来看，只有很少一部分不真实的情况，这是由事物发展过程中的偶然性所决定的。这种偶然性并不居于支配地位，它只能是事物发展

〔1〕 杨郁娟："论刑事侦查的偶然性、必然性与或然性"，载《四川警官高等专科学校学报》2006年第1期。

过程中的不稳定的、暂时的趋势。在从大于 0 到小于 1 这个或然性的连线区间里，所实现的可能性越大，也就是或然率越高，过程越具有必然的性质，所实现的可能性越小，也就是或然率越低，则过程越有偶然的性质，这两种相对的趋势，以各自一定的量共存于某一具体的过程中，构成特定的或然率。因此可以说，必然与偶然是或然的两极，是统一于或然的。

一般来讲，推定所依据的事物之间的联系是一种常态联系，是人们通过生活长期地、反复地实践所取得的一种经验法则，它不同于完全证明所依据的事物之间的必然性联系，而是一种可能性非常大的或然性联系。这种联系符合必然性、偶然性共同存在于事物发展过程中并作用于事物发展的规律。人们在通过已知的前提事实推断待证事实时，可以根据这种常态联系去选择在绝大多数情况下都能成立的判断结论。因此从概率上看，只要没有意外情况，推定事实能够反映客观事物的真实情况，推定是符合事物的客观发展规律的。

唯物辩证法认为，事物的联系和发展构成规律，规律是事物发展过程中本身所固有的、本质的、必然的联系。规律具有客观性、稳定性、重复性和普遍性的特点，规律最根本的特点是客观性。是否承认规律的客观性，即是否承认事物发展具有客观规律，在世界观上表现为决定论与非决定论的对立。

决定论是关于事物具有因果关系性、规律性、必然性的理论。唯物辩证法丰富了决定论的内涵，把决定论看成一种说明事物和过程的具有普遍制约性、规定性的理论，从根本上说是对于世界的联系和发展的统一理解。非决定论否认因果关系的普遍性，否认事物发展的规律性、必然性，认为事物的联系和发展是没有规律和秩序可循的。辩证决定论是建立在承认和理解世界联系和发展的规律体系的基础之上的，是人们把过去、

现在和将来联系起来的根据，是人类自觉的、能动的实践活动最有力的武器之一。它是对于世界的普遍联系和运动发展相互统一的全面、辩证的理解，它把普遍联系的观点和永恒发展的观点具体地统一起来并贯彻到底，并在更深层次上说明了联系在事物发展中的作用，以及事物发展的方向性和规律性。

唯物辩证法的决定论使我们在诉讼活动中对案件事实的认定保持乐观的态度。基础事实与推定事实之间的联系是有规律可循的，这种规律是客观存在的。

（二）创新哲学是推定适用的催化剂

存在与思维，即物质与意识的关系问题被视为传统哲学的基本问题。“存在”是一种现实性，“思维”是现实在人的头脑中的反映。从认识的角度看，现实是一切的出发点，所以感性直观是全部认识的起点，逻辑是对感性直观的抽象和综合，逻辑的必然性、合理性在于与存在的同一性。认识早就包含在现实性之中，人只不过用人的形式将其发现表达出来而已。从发展的角度看，可能性是现实性所赋予的，是现实的可能性，也是现实性所提供的空间中的可能性。从现实性向可能性的发展中可推导出因果性、必然性、合理性、规律性等范畴，所有这一切都是现实性范围合乎逻辑的自身展开，人的作用只是在现实性所提供的多种可能性中选择一种可能性而已。从真理理论的角度来说，逻辑只有合乎现实才是真理。

但是，传统哲学的最大缺陷是局限于符合论、反映论，只满足于求真，追求主客观一致，而忽略了求新、创造。其实人所生活的世界，其意义就在于它是人在与现实的接触中创新出来的。因此，人类应该超越思维，把想象、虚拟等放在核心地位，努力建构“来自现实，高于现实”的创新哲学。关于诉讼活动中推定制度的建立，人们在传统哲学中找不到它的全部答案。只有结合立足于现实同时又超越现实，建立于超越性思维基础之上的创新哲学，才能给推定以最好的诠释。没有创新，人的思维只会囿于现实，知识不可能发展。只有大胆提出假说，并通过验证对假说不断修正更新，认识才会提升。无论是牛顿万有引力定律的诞生，还是居里夫人镭元素的问世，自然科学的许多实例已经证实了这一点。社会科学也存在同样的道理。不管是马克思的社会发展观，还是邓小平的中国特色社会主义理论，都只有具有立足现实但又超越现实的眼光的人才能提出。前文已经提到，在事实认定的过程中，运用证据证明（大前提已得到确认的推理）和证明不足时的推定（大前提有待检验的推理）是裁判者的两大方法或手段。其中证据证明的优势是明显的，在此不赘述。但它的不足也是明显的，那就是它只能在给定的认识范围里“发现”既有的事实，超越一定的认识范围就会无能为力了。推定则不然，尽管推定的结论具有一定或然性，但它也有科学的依据并遵守相应的规则，因而并不盲目。更为重要的是，推定的“跳跃性”思维方式，常常“由此及彼”地给人“山穷水尽”之中以“柳暗花明”，这种意义是不寻常的，也是证据证明所无法比拟的。因此在某种意义上讲，推定是裁判者的一种“创新性思维活动”：根据事物间的常态联系，依靠经验与直觉，裁判者从基础事实大胆地推断出待证事实，同时给予对方当事人充分反驳的救济机会，使推定的依据即经验不断受到挑战、认识逐案得到检验，最终成为一种稳定、确实的规律性知识。由此可以说，正是创新哲学观架起了基础事实与推定事实之间的联系性桥梁，使得裁判者能从基础事实的存否“推定”出待证事实的存否来。创新哲学观使得推定制度得以建立并日趋完善。

从认识论角度来看，世界是可以认识的，但因受主观因素

和客观条件的制约，人的认识能力是有限的，在某个历史条件下某个时期人们只能得出对事物比较正确的认识，永远不可能得出绝对正确的认识。而司法机关在诉讼过程中，因受到时间（诉讼时限）和认识手段（合法化）等的限制，时常会碰到难以取得必要证据予以证明的事实或情况，然而无限期拖延是不行的，不予裁判也是不允许的。在此情况下，最佳的方法就是创新，运用推定，根据已知的事实对未知的事实作出判断和假定。

（三）辩证唯物主义认识论原理是适用推定的哲学基础

辩证唯物主义的认识论由三个基本理论要素所构成：一是物质论，即认为物质（或存在）是第一性的，意识（或思维）是第二性的；二是反映论，即认为思维是大脑的机能，是对存在的反应；三是可知论，即认为思维与存在之间具有同一性，人的认识可以正确地反映客观世界。[1]基于认识论基本原理，我们首先应该承认物质世界是能够被我们认识的，因此，从理论上讲，任何案件事实都是可以被查明和证明的。但是，这种绝对性的认识只能是作为全体人类的思维的功能，而非任一个体的思维所能及。恩格斯在《反杜林论》中即提出了思维的至上性和非至上性的问题："……但是，至于说到每一个人的思维所达到的认识的至上意义，那么我们大家都知道，它是根本谈不上的。而且到目前为止，以经验来看，这些认识所包含的要改善的因素，无例外地总是要比不需要改善的或正确的因素多得多。""换句话说，思维的至上性是在一系列非常不至上的思维着的人们中实现的；拥有无条件的真理权的种种认识是在一系列相对的谬误中实现的；二者都只有通过人类生活的无限延

〔1〕何家弘、刘品新：《证据法学》，法律出版社2004年版，第39~40页。

续才能实现。”继而恩格斯得出了这样的结论：“按它的本性、使命、可能和历史的终极目的来说，是至上的和无限的；按它的个别实现和每次实现的现实来说，又是不至上的和有限的。”〔1〕在具体的诉讼证明活动中，事实的证明依赖于证据，但是，证据并不等于案件事实，对证据的认识，并不必然导致对案件事实的认识。诉讼证明终究是一种只能根据各种痕迹材料进行的“回溯性推断”。所谓的案件事实，是“曾经存在过”，但是并非“正在存在着”，因而对案件的认识与案件的历史原貌相比，总会有一定的差别。具体而言，诉讼证明中的相对可知主要基于以下原因：其一，证明主体的有限性。从个人认识能力以及证明主体数量上看，由于案件只能由特定数量的法官或陪审员作出权威的结论，而这种结论会受到法官个人知识素养与情感因素的影响，因而会波及结论的客观性。另外，诉讼利益也可能会对证明主体产生不利的影响。其二，证明时空的有限性。所谓“思维的至上性”，是通过作为认识主体的整个人类的长久而延续的认识过程实现的。但是，由于司法资源、诉讼效率等方面因素的影响，对案件的认识必须在法定的期限内得出结论，不能超期。这就给认识过程增加了难度。其三，证据收集与审查判断的有限性。由于事实的证明依赖于证据，而由于案件发生在认识活动以前，可能部分证据已经灭失，或者由于不能进行科学的、仪器式的、具有可重复性的认识检验，不能完全将证据收集，导致人们对案件的可知是相对的。其四，证明规则的制约。诉讼证明必须依据严格的证明规则和证明程序进行，要符合正当程序的要求和程序正义的理念。违反正当法律程序进行的收集和运用证据的活动，均可能导致该诉讼行为无效。

---

〔1〕 中共中央马克思恩格斯列宁斯大林著作编译局编：《马克思恩格斯选集》（第3卷），人民出版社1972年版，第126页。

这也从一定程度上影响着证明主体对于案件事实的认识。

正是由于相对可知，所以有些案件事实并不能被完全证明。此时便出现了难题。出于定纷止争、明确当事人双方权利义务以及实现国家刑罚权等因素的考虑，推定便应运而生。因为从某种意义上讲，推定就是裁判者从现有的证据出发，通过个人的主观能动性，借助于裁判者和当事人之间构成的一个“场”，“描绘”出一个可以为人们所理解、信赖和接受的、有意义的案件事实。我们不能迷信人类的认识能力，我们必须承认人类理性和能力的边界，因此我们必须承认事实认定的相对性，承认所谓客观真实其实只能是一种乌托邦，只能是一个无法实现的梦想。对此，日本学者团藤重光论述得更为直白，他认为真正绝对的真实，只有在神的世界才可能存在，在人的世界中，真实毕竟不过是相对的。诉讼领域中的真实当然也不例外。[1]推定的依据毕竟是或然的，因此推定事实不可能百分之百地与客观真实相符合。正是认识的相对性原理才使推定在立法与司法实践中获得了其存在的正当性与合理性。所以说，辩证唯物主义认识论原理为推定的适用提供了科学的理论根据。

（四）追求正义是推定适用的价值论先导

推定规则的设立有时候并非基于某个事实在司法实践中总是与另一个事实之间具有因果关系或者先后关系，即人们习惯上认为的逻辑证明关系。逻辑证明关系并不是推定规则的必备要素，法律设定推定规则还要考虑其他因素，特别是价值选择因素，这一因素的重要性往往超过逻辑证明关系。在某些情况下，推定（尤为立法推定）的介入只是为从基础事实达到推定

---

〔1〕［日］团藤重光：“刑事诉讼中的主体性理论”，载日本《法学家》1988年第4期，转引自黄松有：“事实认定权：模式的选择与建构”，载《法学研究》2003年第4期。

事实提供一条合法的道路罢了。如果说逻辑证明关系为推定的适用提供了可能性，世界观和方法论解释了推定的可成立性，那么价值选择就促成了推定的可接受性。

推定制度作为一项重要的证据制度，具有一般法律制度的价值蕴涵，即正义和效率。如同真理是思想体系的首要价值一样，正义是社会制度的首要价值。我们可以说正义由两部分组成，一部分是“一致的或不变的特征”，另一部分是“滚动的或可变的标准”。前一部分是正义的形式特征，后一部分是正义的实质内容。就正义的形式特征而言，其是固定不变的。形式正义并不是使用“正义”的唯一场合，但却是探讨正义时所不可缺少的，它虽然不能表达人们对正义内容的实质判断，但是却可以给什么是实质上的正义确定一个形式上的框架。更为重要的是，形式正义与程序正义密切相关，因为它要求法官将法律规则——哪怕实质上不平等的法律规则，一视同仁、不偏不倚地加以运用。

从形式正义与实质正义的关系来看，二者都是诉讼程序所追求的目标。英国有句古老的箴言：“正义不仅要得到实现，而且要以人们能看得见的方式得到实现。”这不仅说明了实质正义的重要性，更强调了形式正义的不可或缺。

立法上的推定指从证明特定基本事实之存在，依法律之规定，本其事实而推定其他事实。此项规定不仅使经验法则法规化，还使其具有公正、合理、正义之观感。[1]无论从程序法意义上还是实体法意义上讲，适用推定制度不仅不会在这两方面失去法的公平、正义，相反，在事实真假不明、有无不清，又无法找出证据加以证明或在虽然事实不是无法查清但很难证明

---

〔1〕［英］彼得·斯坦、［英］约翰·香德：《西方社会的法律价值》，王献平译，中国法制出版社 2004 年版。

的情况下，当事人的权利、义务无法明确确定，对于经济安全与社会秩序稳定都是很不利的，这时候适用推定，使负举证责任之当事人暂时解脱其形式上的举证责任，由对造负起抗辩责任。[1]这不仅合乎形式上的正义，而且可以通过形式上的正义最终达到实体上的正义。有时候，法律价值也要包含公共政策（即尚未被整合进法律之中的政府政策和惯例）因素。例如，婚生子女的推定就主要是（当然也有事物间常态联系等其他因素，前文已述）基于公共政策的考虑，表达了立法者希望减少和消除非婚生子女的意图，体现了国家对婚姻的合理干预和对未成年人的保护，以及对婚姻关系稳定的追求。“汽车驾驶者推定他得到车主的许可，可以保护车祸受害者，并诱导车主选择谨慎小心的驾驶者，以确保公路上交通的安全。”[2]这类法律推定除了基于经验法则的高度盖然性之外，主要是基于公共政策的社会价值因素考虑，以维持整个社会的稳定、促进整个社会的和谐发展。由于正义是相对的，故而寻找绝对的正义的做法无疑是不现实的。因此，与其苦苦“求是”，去寻找一个对所有人都绝对公平的标准，不如积极地适用蕴涵着正义、公平理念的推定制度。

二、推定的经济学支撑

（一）法律活动的实质是社会经济权利和利益的交易

在法律世界里，一切法律活动都要以资源的有效配置和利用，即以社会财富的最大化为目的。所以，不仅承担义务本身就是一种成本付出，而且任何权利的享有也都必须支付成本。合理的法律能通过对权利、义务的有效设置和安排来降低行为

---

〔1〕［美］约翰·罗尔斯：《正义论》，何怀宏等译，中国社会出版社 1999 年版。

〔2〕沈达明编著：《英美证据法》，中信出版社 1996 年版，第 71 页。

成本，提高经济效益，给人们带来实际的利益。因此，按照经济学原理，一切法律制度和原则的设计，应考虑资源的有效配置，满足经济学的“成本—效益”理论。

从经济学的角度讲，诉讼效益涉及两个要素：一是诉讼成本，二是诉讼收益。诉讼成本是指程序主体在实施诉讼行为的过程中所消耗的人力、物力、财力及时间等司法资源的总和，类似于波斯纳所称的“直接成本”。而诉讼收益是指预期利益的实现或预期不利益的避免。诉讼效益体现出诉讼成本与诉讼收益二者之间的函数关系。对当事人来讲，无论是以较少的诉讼成本投入来获得既定水平的诉讼收益，还是以既定的诉讼成本投入来达到较大的诉讼收益，都意味着诉讼效益的提高。从这个意义上说，诉讼效益与波斯纳的经济效益概念有相似之处。波斯纳特别强调程序在实现客观真实目标上的作用，因而，他始终将经济效益同判决结果的正确与错误联系起来。在成本分析中，波斯纳提出了判决结果错误的成本（EC）概念，并把它与直接成本放在一起，作为判决的成本，这对避免错判发生有着积极的意义。

诉讼争议的事件均为不可逆的，所以，当事人对争议事实的证明存在不确定性，而法院也往往不能获得认定案情的充分信息，这样就可能产生背离事实的错误判决。同时，如果现实地考察诉讼发生的环境，我们会发现，将诉讼资源投入证明活动来追求认定争议事实的准确性是有程序成本的。既然追求准确而投入的程序成本与错误成本都是诉讼的社会成本，那么就没有理由认为其中一类成本优于另一类成本，而应该将它们平等纳入审判成本之中予以考虑。[1]因此，对于在准确性与审判

---

〔1〕 朱春华：“论推定的效力——一个法经济学的初步分析”，载《法商研究》2007年第5期。

成本之间追求平衡的证据法而言，“证明过程的社会目标就在于，促使错误成本金额最小化”。

在海伊（Bruce L. Hay）教授建立的举证模型中，考察了不同举证规则下当事人的博弈均衡及成本总和，证明了以下四个变量因素与成本最小化线性相关：主张事实的可能性、证明成本、败诉所失利益、社会错误成本。对一方当事人而言，当其余变量保持恒定，某一变量增长，则错误成本与证明成本总和也随之增大，因此越倾向于将举证责任分配给对方当事人。海伊教授认为，法院在分配举证责任时，多数时候会衡量上述影响因素以追求成本最小化，并将对某一事实的举证责任分配给所需成本（证明成本与判决错误成本之和）最小的当事人。举证责任如此分配的经济学意义在于，为社会提供一种尽量以较低证明成本避免错误的恰当激励，其最终目的是节约社会总成本。笔者虽主张推定的直接后果不在于转移举证责任，而在于卸除一方当事人的证明责任，但由于推定具有可反驳性，使得推定引起对方当事人反证权利的行使，因此推定的间接作用是调节了证明行为的分担。显然，推定的背后隐藏着追求成本最小化的经济逻辑。

效益也是诉讼活动孜孜追求的价值目标之一。在诉讼过程中，法院或当事人通过一定的投入获得尽可能多的收益，这是现代诉讼制度所追求的一个重大目标和所奉行的一项基本原则。司法实践中，有些事实要件可以通过证据比较容易地得到证明，不存在什么困难，而有的事实要件证明起来却十分困难，例如要确定失踪人是否死亡，证明起来就非常困难，即使消耗大量司法资源，往往也无法查清。人类所从事的任何社会活动都必须遵循经济性的原则，即力求以最小的消耗取得最大的效果，因此，作为人类特定实践活动的诉讼，其证明过程亦不可能像科学家做实验那样反反复复，审判活动也不可能无休止地继续和拖延下去。法律创制死亡推定，目的就是要实现“只要法律规定的基础事实存在，就可以认定失踪人死亡”这一价值选择，这样当事人就可以减少不必要的举证。这不但节省了诉讼证明的人力、物力，加快了诉讼进程，更实现了追求诉讼效益的目标。

（二）推定的适用是体现诉讼便利精神的理性选择

在某些类型的民事案件中，证明某一事实的证明成本对诉讼双方当事人而言并不总是大致相当的。由于某些争议事实涉及一方当事人在另一方当事人不知悉时做出的行为，或者一方当事人有更大的保存证据的动机与可能，会使其证明该事实的成本显著低于对方当事人。在这种情况下，如果其他影响举证责任的变量大致相等，将举证责任分配给证明成本较低的当事人将不仅能节约证明成本，还会降低对方当事人因证明成本过高而放弃证明造成错判的可能性（即降低错误成本）。在目前已有的民事诉讼立法中，“持有证据拒不提供的不利推定”和“需要鉴定而不鉴定的不利推定”就是基于这种考虑而设定的。因为在这些推定中，拒不举证的基础事实确认后，可知持有证据方的证明成本接近于零，远低于对方当事人。

这种体现公共政策的倾向还表现在刑事诉讼中对持有型犯罪的推定上。比如，在非法持有毒品罪案件中，只要警察在某人身上查获毒品，便可推定其是非法持有。若想推翻此不利推定，便须被告证明其持有该毒品具有合法依据。无论是立法还是司法上作出这些推定，表象上似乎加重了被告的负担，实质上有其正当性基础，从经济学的角度来看是出于理性的选择。因为让控方证明被告人的持有行为的非法性，显然不如让被告人自己证明其合法性来得容易。在持有型犯罪案件中，控辩双

方之间的攻防可以视为一个序列博弈，序列博弈的结果通常取决于行动的顺序，先行动的一方占有利地位，获得“先行者优势”。在刑事诉讼中，被告人由于无罪推定原则被赋予了先行者优势，即毋须辩解这个消极行为。而毒品、枪支弹药等涉案物品在进入诉讼程序前一直处于被告人的控制领域内，意味着辩方占有的信息量要远多于控方，双方呈现出信息不对称的地位，在某种程度上此时相对于具有先行优势和信息优势的辩方，控方明显处于弱势地位，据此控方想认定此类案件事实几近不可能，这种诉讼结果是明显背离社会公众的正义观的。为此，我们的法律制度中必须设计相应的方法来弥补这个漏洞，于是推定便成为人类社会出于功利主义的理性选择。针对双方不对称的地位，对于造成这种局面的那部分案件事实，控方只负责证明基础事实，然后通过推定推导出推定事实，相应的证明责任转移到辩方，辩方的反驳其实是一个“信息显示”或“发送信号”的过程。为了避免不利的后果，辩方通过一系列举证行为释放出其控制的信息，信息传递给控方，双方的信息不对称局面得到改观，诉讼得以向前推进，从而更高效率地促进正义的实现。

（三）推定的适用是满足诉讼效益原则的必然要求

我们知道，推定适用的条件是在诉讼中某项案件事实（推定事实）难以获得完全证明或者获得完全证明需要耗费高昂的证明成本。法官此时根据已获证明的基础事实与推定事实之间存在的高度盖然性联系，直接裁判推定事实的存否，除非反驳推定的一方当事人有充足的证据证明推定事实的不成立。在这里，法官适用推定方法所带来的便利诉讼的司法效能是显而易见的。那么其诉讼效益如何体现呢？

分析推定所具有的诉讼效益，我们至少需要考虑三个变量，一是证明成本，即推定事实获得完全证明需要耗费的成本。二是错判概率。推定不同于完全证明，所以适用推定在客观上不能彻底排除发生错判的风险。通常来讲，基础事实与推定事实之间存在的常态联系的盖然性越高，则错判概率越低，二者呈负相关关系。在司法实践中，只有在错判概率趋近于极小值的情况下，法官才能适用推定。三是错判实际损失。错判实际损失是指错判给反驳推定的一方当事人所造成的实际损失。例如，在一起争议额为10万元的诉讼中，假设为使推定事实获得完全证明，甲需要支付的证明成本是1万元。基础事实与推定事实之间存在的常态联系的概率（即推定事实确凿为真的概率）为95%，所以，法官在该案中适用推定的错判率即为5%。推定不利方乙所要承担的预期错判损失是：10万元的实际错判损失乘以5%的错判概率=0.5万元。若法官拒绝使用推定，则当然可以为乙避免0.5万元的预期错判损失，但甲却因此支付1万元的证明成本；若假设该案中甲为获得完全证明而需要支付的证明成本是0.3万元，而错判概率与错判实际损失不变，那么法官当然不能选择适用推定。再如，假设对于持有型犯罪放弃推定制度，推定事实仍由控方承担举证责任。如果控方在个案中投入巨大的司法资源来证实这部分事实，会有两种可能的结果：第一种结果是证明被告确实无罪，那么社会要承担的总成本（以C来表示）是控方投入的司法资源（以I来表示，其中包括前期证明基础事实的资源I_1和占更大份额的证明推定事实的资源I_2）和被告被采取强制措施所承受的损失（以D来表示）。由于被告被证明无罪，所以社会总收益为0，扣除总成本，结果社会净收益为负。第二种结果是被告被证明有罪，则社会总成本C等于前述的成本I和对其施加刑罚的成本（以E来表示）。社会总收益是刑罚有效发挥其威慑和预防功能对社会整体福利的增

进。但应注意的是，相对于适用推定的情形下，这里的社会总成本 $C=I+E=I_1+I_2+E$，其中 I_2 是多支出的成本，还有一项隐性成本（以 F 表示）是由于控方需要更长时间搜集证据来证明推定事实，而导致被告被采取强制措施，如审前羁押的时间也相应延长。简言之，如果放弃推定，控辩双方都必须付出更大的代价，社会总成本上升，社会净收益相应下降，显然不利于社会整体福利的增进。反之，推定的运用可以避免这些不必要的成本支出，如成本 I_2 和隐性成本 F。从这个意义上说，推定的适用是立法及司法部门出于公共利益、经济理性和有限司法资源的考虑所作出的制度安排。换句话说，如果法官无论做出哪种决定都必然会损害其中一方当事人的利益，那么他就应该选择一种只给当事人造成较轻损害的决定，这不仅是经济逻辑的要求，同时也是追求诉讼效益的必然要求。如果我们用 P 表示错判概率，用 B 表示证明成本，用 L 表示错判损失，我们就可以把法官对推定的适用归结为一个函数表达式：$B>PL$（P 应当趋近于极小值）。当证明成本大于预期错判损失（即实际错判损失与错判概率之积）时，法官可以或应当适用推定。我们可以肯定地说，推定法则就是通过降低证明成本和错判损失的总量提高了诉讼效益。

需要指出的是，适用推定仅仅表明推定程序的开始，只有在推定并未遭到反驳，或者虽然遭到反驳但反驳不成立时，法官才会将推定事实裁判为真。法律之所以为推定设置了一个可被反驳的限制性程序，既是为了降低错判风险，也是企图安排一个激励机制以使反驳推定的一方当事人能够积极提供证据，事实上，一旦反驳成功，对推定事实的证明就转化为完全证明了。

在一般民事案件中，原告与被告判决错误成本和对某一事实的证明成本大致相同，而相对于所有的潜在纠纷而言，被告实际侵权与违约的概率相对更低。所以，在海伊教授看来，法院之所以责令原告在大多数事项上承担最初的举证责任，是作出的成本最小化的合理选择。推定的设定缘由也在于此，当据以推定的基础事实得到确证时，由于基础事实与推定事实具有很高的相关性，卸除原告方的证明责任，可能引发被告方反证权利的行使，进而间接将证明行为调节至被告方，亦是成本最小化的必然要求。比如，当法院受理了一起医疗事故纠纷案时，法官可以肯定的是在社会发生的所有同类事故中，医生存在过失的比例较小，而原告所主张之事实可能性较低，所以原告应对医生存在过失负提供证据的责任（即提出证据启动诉讼的初始责任）。而当原告证明了某一医疗器具被遗忘在了病人身体中，那么从这一事实就可以推断医生存在过失具有很高的可能性，此时即可依据推定卸除原告的证明责任，而将过失不存在的举证责任同时也转移给了被告。

我们说，在双方当事人证明成本相同时，应将证明责任分配给预期错误成本（错误成本×错误概率）更小的一方。[1]在一般民事诉讼中，一方当事人所得正是另一方当事人所失，有利于原告的错判与有利于被告的错判造成的错误成本相同。但是在特定情况下，错判对一方造成的损害大于对另一方的损害。此时如果法院有充分的理由认为双方在诉讼这种风险活动中所下的赌注（败诉所失利益）不一样，赌注大的一方错误成本也更大时，法院便会基于“某一类错误优于另一类错误”的考虑，在认定事实不确定状态下，合理分配错误成本。从这个意义上讲，推定的设置也正是基于减少预期错误成本的目的，在基础

---

〔1〕 朱春华：“论推定的效力——一个法经济学的初步分析”，载《法商研究》2007年第5期。

事实成立的条件下，法院认为卸除诉方的证明责任会减少错误成本，因此会对推定事实作出确认。对方当事人可以举证推定事实不存在，若对方举证后事实仍然真伪不明，则只能判其败诉。若即便如此，于推定之不利方而言错误成本还是很小，那么这种推定就是具有经济效益的。这其中也说明如果双方错误成本之差越大，则反证程度要求越高。

三、推定的逻辑学原理

（一）基础事实与推定事实之间的逻辑关系

推定在本质上是一种主观见之于客观的认识活动或认识方法。推定的运用既牵涉到客观事物与事物之间的关系，更牵涉到具体的认识主体凭借全人类的实践经验和个人智慧在客观事物之间的关系晦暗不明时所进行的理性思考。一个完整的推定，撇开它的法律因素不讲，也会关涉到自然科学、其他社会科学尤其是思维科学的方方面面，因此它是一个非常复杂的法律现象。在对推定的基础进行研究时，有一个领域我们不能不关注，这就是逻辑学。我们知道，推定的本质是推理，而推理是逻辑学的灵魂，所以在逻辑学的基床上研究推定，应该是再恰当不过的了。

试图从逻辑学的角度来分析研究推定在学界屡见不鲜。此前已有不少学者从逻辑学的角度对推定进行了一系列的阐释分析，为这一方向的研究积累了非常有意义的储备工作。主导性的研究首先从基础事实（或称前提事实）与待证事实（或称推定事实）的相互关系入手（笔者认为这一思路的选择非常准确），这些学者将两个（组）事物之间的逻辑关系概括为五种，分别是：①等值关系（有学者称为充要条件关系）即 A←→B；②蕴涵关系（有学者称为充分条件关系）即 A→B；③逆蕴涵关系（有学者称为必要条件关系）即 A←B；④或然关系（有学者称为近似充分条件关系，也有学者称为部分因果关系）即当 A 事物存在时，B 事物可能存在也可能不存在；⑤矛盾关系（负完全相关关系）即当 A 事物存在时，B 事物一定不存在，当 B 事物存在时，A 事物一定不存在。研究者认为，在这五种逻辑关系中，第①、②、⑤种逻辑关系是必然关系，即由证明前提 A 事物的存在就能对 B 事物的存否作出必然断定。而第③、④种逻辑关系是或然性关系，即当 A 事物存在时，B 事物可能存在，也可能不存在。

事物之间的联系是丰富多彩的，其中包括因果关系、时空关系、函数关系、相关关系、回归关系等。这其中因果关系与相关关系又是事物间最为基本的两种联系。由于相关关系具有多种研究视野的优越性，使得其在社会研究中较因果关系被更为广泛地采用，所以我们在论及前提事实与推定事实的关系时，使用“相关性”一词，但为简便起见，有时也会用到“原因”与“结果”这样的称谓（关于“相关”与“因果”问题，本书将在第四章第一节有专门论述）。[1]我们知道，统计学上把事物总体数量上所存在的关系划分为完全相关、不完全相关和不相关三种，按照相关方向，相关关系又可被划分为正相关和负相关。如果基于这个角度，上述学者对前提事实 A 与推定事实 B 之间五种逻辑关系的归纳就可以在相关性关系中找到对应。其中，上述等值关系和蕴涵关系（正相关）以及矛盾关系（负相关）就是这里的完全相关；逆蕴涵关系及或然关系就是这里的不完全相关。由于在诉讼证明活动中所运用的推理形式必须是演绎推理的有效式，即要求前提事实 A（或已确证之证据）与

〔1〕 游玲杰：“对于相关关系按程度分类的质疑”，载《统计与信息论坛》1998 年第 2 期。

待证事实 B 之间的关系具有逻辑必然性，因此诉讼证明推理只适用于 A 与 B 具有完全相关的场合。而推定不属于诉讼证明之推理（尽管推定与推理是种属关系），运用推定方法也当然不是进行证明，故推定不要求前提事实 A 与推定事实 B 之间的关系具有逻辑必然性，推定适用于 A 与 B 具有不完全相关的上述两种场合。

学者们在进行了上述分析工作之后，又把或然性关系（即不完全相关）分为三种：常态关系，中立关系和例外关系。其中常态关系分肯定型和否定型两种，肯定型是指当 A 事物存在时，B 事物极有可能存在，否定型是指当 A 事物存在时，B 事物极有可能不存在。中立关系是指当 A 事物存在时，B 事物存在和不存在的可能性一样大。例外关系则是相对于常态关系而言的，当常态关系是肯定型时，例外关系就是指当 A 事物存在时，B 事物有可能不存在；当常态关系为否定型时，例外关系就是指当 A 事物存在时，B 事物有可能存在。其实这里也包含我们上面讨论的相关原理（按照现代统计学的理论，变量之间的相关关系依相关程度，是可被划分为微弱相关、低度相关、中等相关、显著相关及高度相关的）。[1]学者们的结论是，推定以基础事实与推定事实之间建立的“近似充分条件”的逻辑关系为前提。至于这种表述是否准确，在此笔者并不想妄作评断，毕竟千里之行始于足下，终须有人要率先进行这种牺牲性质的尝试，因此不必强求其完美。

（二）推定的推理形式

推理形式是推理中前提与结论之间的联系方式，对各种不

---

〔1〕 游玲杰：“对于相关关系按程度分类的质疑”，载《统计与信息论坛》1998 年第 2 期。

同的推理形式及推理规则的研究是形式逻辑学的主要任务之一。我们知道，要想保证运用某一推理获得正确的结论，必须满足两个条件：一是前提真实，二是形式有效。在诉讼活动中，为了确保法官运用推定方法获得正确的推定事实，当然也需要保证基础事实的真实和推定形式的有效这样两个充要条件的满足。关于对推定的推理形式的理解，学者们有不同的看法：

观点一：推定是基于基础事实与推定事实二者之间的“近似充分条件”的关系，并以此关系为大前提而构成的一个类似充分条件假言推理的推理方法，将其形式化即为（A……→B）∧A→B（其中……→表示 A 并不必然蕴涵 B）。[1]

对该形式进行分析可以看出，（A……→B）∧A→B 是传统假言推理的“肯定前件式”，是逻辑有效的。A（即基础事实）是该假言推理的前件，法官在运用推定时，一个先决条件就是要确证 A 的真实性，因此我们认为前件是真实的。（A……→B）是一个充分条件假言判断，只不过在这里，由于 A 与 B 之间的条件联系并非必然性的完全相关，而是法官借助经验常识作出且认定的或然性的不完全相关，故而其具有不符合客观实际的可错性。这样一来，结论 B（即推定事实）的真实性也就只能是或然的了。

观点二：推定是一个包含大小前提和结论的三段论的推理过程，其中事实间的常态联系是大前提，确证的基础事实是小前提，推定事实是结论。由于大前提是经验性的即它是一种可能性很大的或然性，因而这一逻辑推理的结论可能为假。[2]

---

〔1〕张继成：“推定适用的逻辑分析”，载《广西大学学报（哲学社会科学版）》2000 年第 4 期；王学棉：“论推定的逻辑学基础——兼论推定与拟制的关系”，载《政法论坛》2004 年第 1 期。

〔2〕赵钢、刘海峰：“试论证据法上的推定”，载《法律科学（西北政法学院学报）》1998 年第 1 期。

观点二实际上与观点一并没有太大区别，因为我们知道，假言推理本身就又被称之为假言三段论，假言推理中的假言判断（A……→B）相当于三段论推理中的大前提。假言推理的前件 A 可以看作是三段论推理中的小前提。而假言推理中的后件 B 即是三段论推理的结论。因此，观点二从三段论的角度出发，也能得出“结论可能为假”这样的与观点一一致的断言当然不足为怪，只是与观点一相比，由于它没有构建直观的推理形式，所以易使人们对于“大前提是经验性的”这一判断的感性认识略显不足。

观点三：推定相当于类比推理，它是根据两个或两类对象的某些属性相同，从而推出它们在另一些属性方面也可能存在相同点的方法。其推导公式为：

A 具有 a、b、c、d 属性（逻辑学中称为先例或常规，即基础事实）

B 具有 a、b、c 属性（逻辑学中称为本例，即推定事实）

所以，B 也应具有 d 属性

我们说，这种观点在诉讼证明实践中倒也不乏市场，因为在许多场合下裁判者的确是通过对 A、B 二者的比对作出事实认定的。但是，由于适用范围有限，若将推定的逻辑形式限定为类比推理，似乎不大全面。

观点四：将推定主体所利用的经验法则看作是一个全称可能模态判断。该观点认为，经验法则是由归纳逻辑所得，所以必定是个全称判断，但又由于是不完全的归纳，故又只能是个可能性判断。[1]例如，写明了收信人地址、贴足邮资并交付邮局的信函，推定收信人收到（受信推定），就表达了这样的全称可能模态判断："凡信函写明收信人地址，贴足邮资并交付邮局的，可能收信人都收到该信函"。

含有经验内容的全称可能模态判断是推定者进行推定的大前提，而推定之小前提即基础事实，是需要事实主张者通过证据证明从而使事实裁判者形成内心确信的案件中的特定事实，它表现为逻辑学中的实然判断（assertoric proposition），是断定了事物情况实际存在或不存在的判断。由于模态判断也有肯定与否定之分，故该观点倡导者认为，事实裁判者进行推定所遵循的逻辑推理形式包括两种：一种是◇MAP∧SAM→◇SAP；另一种是◇MEP∧SAM→◇SEP。例如，"给付收据、债权凭证为债务人所持有时，推定该债务已经清偿。"该推定的逻辑形式是：凡债务人持有给付收据、债权凭证，可能其所担债务都已清偿（经验◇MAP），本案债务人张三持有给付收据、债权凭证（已确证的基础事实 SAM），所以，张三可能已清偿所担债务（推定事实◇SAP）。再如，"未满 14 岁者，推定没有犯罪能力，实施危害社会行为不负刑事责任。"该推定的逻辑形式是：凡不满 14 岁的人可能都没有犯罪能力（经验◇MEP），本案李四是不满 14 岁的人（已确证的基础事实 SAM），所以，李四可能没有犯罪能力（推定事实◇SEP）。[2]

笔者认为，仔细探究上述学者们的几种观点不难发现，其实它们之间在机理上是共通一致的，尤其是第一、二、四种。

---

〔1〕［美］道格拉斯·沃尔顿：《法律论证与证据》，梁庆寅、熊明辉等译，中国政法大学出版社 2010 年版，第 104~107 页。

〔2〕在逻辑学中，符号◇表示"可能"；SAP 表示"所有 S 都是 P"；SEP 表示"所有 S 都不是 P"。

当然，从实用角度讲，观点四表述得更为清晰一些。需要补充的是，对于一个模态三段论而言，为保证其逻辑有效，除了必须遵守三段论的一般规则外，还须遵守“结论从弱原则”，即模态三段论的结论不得强于前提中较弱的前提。由于推定运用的是可能模态推理形式，前提中最弱的是以经验为内容、以可能判断形式出现的大前提，所以推定的结论只能是一个可能模态判断。

（三）逻辑证伪主义为推定的适用提供了方法论的指导

推定的逻辑思路本质上是一个由基础事实（前提）的存在到待证事实（结论）的存在的或然性推理。大卫·休谟曾指出，没有什么正确的逻辑论证容许我们确认那些我们不曾经验过的事例类似我们经历过的事例，因此，即使观察到对象时常或经常连结之后，我们也没有理由对我们不曾经历过的对象做出任何推论，企图靠诸种经验为归纳法找依据，必然导致无穷倒退。[1]如果归纳推理在逻辑上不成立，那么从特定的事例归纳到普遍的规律，在思想上需要一种非逻辑的跳跃，这就极有可能从真的前提推导出假的结论。

证实主义者把归纳逻辑解释为假说——证实模式，该模式又被称为“证实主义的试错法”。一种理论或从归纳中得到的前提假设只是一种假说，这种假说可以用进一步的归纳（观察与实验）来证实，而后通过证实来肯定理论并逐步修改假设以获得更好的理论。波普指出，证实主义者犯了“肯定结果”的逻辑错误，因为无论人们发现了多少只天鹅是白的，都不能证实“所有的天鹅都是白的”这一普遍陈述。波普强调在证实与证伪之间存在不对称思想的理由是，从严格逻辑观点来说，我们永

〔1〕 王军编著：《美国合同法》，中国政法大学出版社1996年版。

远也不能因为某个假说和事实相符而断言它是真的，从事实的真实性到假说的真实性的推理就暗藏着肯定结果的逻辑谬误。另一方面，我们又能参照事实来否定假说的真实性，因为从缺乏事实到假说推理，我们借助了“否定结果”这种逻辑上正确的推理过程。可以说，没有证实的逻辑，但是有反驳的逻辑。在否定证实主义归纳方法的同时，波普试图重新建立方法论体系，即他的证伪主义。按照波普的观点，由于理论不能被经验所证实而只能被证伪，因此科学研究就是不断地提出能被经验证伪的理论的过程。这种理论不是来自于观察，而是来自于猜想，这种猜想根源于人们的需要。从人的需要这一角度，波普提出人生来就具备知识或猜想，观察和实验只是人们检验这种知识或猜想的过程，也就是证伪的过程。人们通过不断地证伪否定旧的理论和提出新的可证伪的理论，使知识得到增长。

在诉讼中，有时提出诉讼主张的当事人无法提出确定、充分的证据来证明自己的主张。推定制度的设立可以卸除主张者的证明责任，同时为促使当事人的主张成立，该制度又安排了一个由不利方反驳的机会。如果不利方提出的证据可以推翻该推定，那么推定事实就不能成立，如果不利方不能推翻该推定，那么就得承担败诉的结果。推定不能被证实，却可以被证伪。由于推定的事实由否定者举出证据反驳较易，这也在无形中较为合理地解决了证明责任的分担问题。由此可见，推定作为一种认定案件事实的方法，虽然它有较高的必然性，但无论怎样总存在一定程度的或然性，同样应接受检验。检验推定能否成立，就在于是否能提出相反的证据将其推翻。

第四章

推定的运行原理

一、相关关系原理

(一) 相关关系是事物之间最为基本的联系方式之一

从辩证唯物主义的立场来看，客观世界没有绝对孤立的事物，无论是在事物的外部还是内部都结成种种联系之网。这种联系是客观的、普遍的，它表现为不同事物之间的相互依存和相互作用以及每个事物内部各个方面的相互关联和相互制约。〔1〕这正如恩格斯所指出的那样，“呈现在我们眼前的是一幅由种种联系和相互作用无穷无尽地交织起来的画面。”〔2〕对于这种联系，列宁则强调，“一切都是互为中介，连成一体，通过转化而联系”。〔3〕在司法实践中，任何一个案件在其发生发展的过程中，总会留下或多或少的物品或痕迹。也会被某些人看到、听到，并在他们的头脑中形成反映，这些与案件事实的联系都成为再

---

〔1〕 罗远祥、朱道华：“论证据的关联性——证据的唯一特性”，载《广西政法管理干部学院学报》2000 年第 3 期。

〔2〕 中共中央马克思恩格斯列宁斯大林著作编译局编：《马克思恩格斯选集》(第 3 卷)，人民出版社 1972 年版，第 100 页。

〔3〕 中共中央马克思恩格斯列宁斯大林著作编译局编：《列宁全集》（第 38 卷)，人民出版社 1990 年版，第 103 页。

现案件事实的中介，也是证明与法律事务有关之事实存在与否的根据。〔1〕

正如前文所述，事物间的联系是多种多样的，而在这些联系中，因果关系与相关关系又是事物间最为基本的两种关系。

（二）因果关系与相关关系

我们知道，有相关关系并不意味着有因果关系，有因果关系也可能不出现相关关系（即呈现伪零度相关），因果关系与相关关系不是完全对应的。而且在已知有相关关系的情况下，即使又已知有因果关系，也不能由相关关系得出谁为原因，谁为结果。同时在已知有因果关系，甚至已知因果关系的条件是什么的情况下，也不能使我们推知有无相关关系及相关关系的强弱。但是对这两种重要的关系之间的关系我们并不是一点规律也不掌握或无所探知的。具有单向性因果关系性质的两个事物之间的相关关系往往较强。而对于非双向因果关系而言，有因果关系时往往相关关系较大，而且强相关关系往往与充分性程度和必要性程度比较高的因果关系相联结。也就是说当原因出现而且这个原因的充分性程度越大，或者必要性程度越大，这个结果出现的可能性的增大幅度往往越大。〔2〕

完整的因果知识给出的是准确的、确定性的预测，而完整的相关知识只能给出概率性预测。但是由于较完整的因果关系的知识难以获得，所以相关关系在预测上往往优于因果关系，同时，由于强相关关系下不同的可能性之差较大，使由相关关系给出的概率预测更接近于确定性的预测，因此强相关关系在

〔1〕何家弘："让证据走下人造的神坛——试析证据概念的误区"，载《法学研究》1999年第5期。

〔2〕张小天："因果关系与相关关系：它们的关系及它们的差异"，载《社会学研究》1992年第3期。

预测中的作用更大。

当我们想要解释一个事件时，自然是期望找到该事件的原因。由于解释只能是因果式的表述，这使得仅仅使用相关关系对解释不会有所帮助。然而，由于强相关关系与充分性程度和必要性程度比较高的因果关系的密切联系，在已知该事件的所有或大部分原因之后，再使用相关关系，或者在强相关关系中排除那些其取值不可能成为该事件的原因的变量，往往可以使我们发现那些在所观察的情景中的重要原因，即那些充分性程度和必要性程度比较高的原因。

另外，获知相关关系常常不需要对任何变量有所控制，而是让所有变量不受研究人员所施加的任何人为干涉的影响而自由地变动，在易于实现的控制下以统计法来完成。而欲获知因果关系时情况则不同：因果关系的寻求须采用有控制的实验法。寻求因果关系只不过是试图确认出因果关系，但是当两个事物之间本来就没有因果关系，或所要求的变量控制无法实现，或当因果关系的条件不出现时，确认因果关系的努力便宣告失败。这时无法断言所考察的两个事物之间有因果关系，也不能断言这两个事物之间没有因果关系，从而就得不出任何关于这两个事物的因果关系的结论。所以寻求因果关系的结果可能产生不出任何结论。而在寻求相关关系的努力中，只要测量可以完成，那么关于相关关系的完整结论总是可以获得的。

同时，当因果关系的条件出现时，一次观察就可以确证因果关系，可这里的一次观察是要求在一个时期里观察一个过程，连续地测量此过程中两个变量的取值。观察中须密切注意两个变量变化的时间先后。而求出相关关系须进行多次观察，但每次观察只需测量出变量在某一时刻的取值，它不关心过程是如何进行的，不关心两个变量中是哪一个变量先变为所测量的那个取值的。此外，相关关系的获得需要观察，也需要资料处理，而因果关系的确认完全是在实验观察中完成的。

正是由于相关关系的上述优越性，其在社会研究中较因果关系被更为广泛地采用。所以我们在研究证据与案件事实的关系时，使用的是“相关性”。但为表述上的便利，本书在谈及具有“相关性”的两个事物时，可能也会用到“原因”与“结果”这样的称谓。

（三）事物间相关关系的几种情形

我们知道，社会经济生活中的一切客观事物都是相互关联的。譬如气温和降雨量之间、投入与产出之间、劳动生产率与工资水平之间等。统计学上把事物总体数量上所存在的关系划分为完全相关、不完全相关和不相关三种。其中“完全相关”关系又称为函数关系，它是一种确定性关系，反映了事物之间的严格依存现象，在这种关系中，某一变量的每一个数值，都有另一变量唯一确定的值与之对应。例如正方形的面积与它的边长、总产值与产品的产量等。“不相关”则表明事物变量之间相互独立，互不影响，互不依存的现象。例如电梯的运行速度与人的品行、学生的学习成绩与他的身高等。“不完全相关”乃是指事物变量之间的关系介于完全相关与不相关之间的不严格的依存关系，它也是事物之间存在的最为广泛的一种关系，例如学生出勤率与学习成绩、工人的年龄与生产产品件数等。

狭义的“相关性”仅指“不完全相关”。[1]在“不完全相关”中，自变量与因变量在值上的对应不是唯一的，即在对结果的影响中，标志的因素是很多的，其中有些因素属于人们一时无法认识和掌握的，有些因素是人们已经认识却无法控制、

〔1〕 洪晓晴：“相关关系的分析判断”，载《内蒙古电大学刊》2000年第1期。

无法测量或测量有误差，使得因素标志与结果标志出现不确定性的。但是，相关关系是客观存在的，我们在分析判断相关关系时，可以利用函数关系式，经过科学理论的分析、检验来得出科学的结论。

按照相关方向，相关关系可被划分为正相关和负相关。正相关是指两个标志的变化方向是一致的，因素标志增长，结果标志也增长；因素标志下降，结果标志也下降。例如学生出勤率与学习成绩，一般情况下，学生出勤率高，那么学生的学习成绩也随之提高，学生出勤率下降，那么学生的学习成绩也随之下降。负相关是指两个标志的变化趋势相反，一个上升另一个下降，一个下降另一个上升。例如商品的需求量与物价，物价上涨，商品需求量会下降。按照相关形式，相关关系可被划分为线性相关和非线性相关。线性相关即直线相关，当因素标志变动时，结果标志呈大致均等的变动，散落在一条直线周围；非线性相关即曲线相关，当因素标志变动时，结果标志呈不均等变动，成为某种曲线分布。另外，按照因素标志的多少，相关关系可被划分为单相关和复相关。单相关指只有一个因素标志，复相关指有两个及两个以上的因素标志。

通常来讲，我们首先要确定两种现象之间有无相关，如果有，再确定其属于哪种类型的相关关系，然后用统计指标来判定相关关系的密切程度和方向。

按照现代统计学的理论，变量之间相关的程度就是变量间相互依存的密切程度，而测定相关密切程度的指标是相关系数，一般用 r 表示。测定相关系数的方法是相关分析法。因而相关关系按相关的程度，可划分为微弱相关、低度相关、中等相关、显著相关及高度相关。一般来讲，相关系数 r 是在±1 之间变化的，即 $-1 \leq r \leq 1$，计算结果 $r>0$ 则说明两个标志方向一致属于正相关；计算结果 $r<0$ 则说明两个标志方向相反属于负相关；相关系数 r 越接近于±1，表示相关关系密切程度越强；r 越接近于 0，表示相关关系密切程度越弱；$r=\pm1$，表示两个现象完全相关，即呈函数关系；$r=0$，表示两个现象不相关。这里 r 只适用于两个现象呈直线相关条件，所以 $r=0$，不排除两个现象有非线性相关关系。当 $0<r<0.3$ 时是微弱相关；当 $0.3<r<0.5$ 时属低度相关；当 $0.5\leq r<0.7$ 时是中等相关；当 $0.7\leq r<0.85$ 时是显著相关；而当 $0.85\leq r<1$ 时是高度相关。[1]

我们在社会学领域里探讨的事物间的相关性通常是取广义的相关性，即包括完全相关（即函数关系，它是相关关系的特殊形式）与不完全相关两种情况。谈“证据的相关性”，即取广义的相关性。

（四）影响推定存在的相关因——部分原因[2]

当原因事件多次重复的时候，部分原因是最常见甚至唯一常见的因果类型。而传统理论所承认的三种类型，即必要原因、充分原因和充分必要原因，只有在原因事件很少重复的特定情况下才会出现。

传统因果分类理论中明确承认三种原因（条件）类型，即“必要原因”“充分原因”和“充分必要原因”，并隐含承认第四种原因类型，即“非原因”。澳大利亚哲学家麦基（John Mackie）提出了第五种类型，并将其定义为：“A condition C is a cause of E just in case it is an Insufficient, but Necessary, component of an

〔1〕游玲杰：“对于相关关系按程度分类的质疑”，载《统计与信息论坛》1998 年第 2 期。

〔2〕此部分内容的研究是建立在赵心树“因果关系的类型和概率分布”一文的理论基础之上的。当原因事件多次重复的时候，部分原因是最常见甚至唯一常见的因果类型。但是，部分原因这一概念却没有引起我国学界的关注。

Unnecessary，insufficient but necessary part of a condition which is itself but Sufficient for the result.（中文译为：一个事件 E 的原因 C，并不是这个事件 E 的充分条件，也不是 E 的必要条件，而是 E 的非必要的但充分的条件中的一个不充分的但必要的部分。）”英文缩写为 INUS，有学者将其翻译为“非充分且非必要条件原因”。其后，也有学者称为“部分充分部分必要原因”，简称为“部分原因”（partial causes）。即当“有甲未必有乙，且不必有甲亦可有乙，但甲的有或无影响乙的有或无”的时候，甲为乙的“部分原因”。[1]

在日常生活中，“部分原因”的例子举目皆是。灌溉系统不是农作物丰收的必要原因，因为雨量充足或耐旱的作物都可能使灌溉系统成为不必要；灌溉系统也不是农作物丰收的充分原因，因为肥料、土壤、种子、技术、劳力等不到位都可能导致歉收。但是，如果我们受传统逻辑的影响而得出灌溉系统与农作物丰收无关的结论，显然有失偏颇。掌握了部分原因的概念，我们就可以说，灌溉系统很可能是农作物丰收的一个重要的部分原因。合理的工资奖励制度不是企业成功的必要原因——常有一些员工纯粹出于非经济的原因努力为企业工作，也不是企业成功的充分原因——如果没有资金、产品、售价、营销等各种配合，企业就不会成功。但是，我们不应该由此而作出工资奖励制度与企业成功无关的结论。[2]掌握了部分原因的概念，我们就可以说，合理的工资奖励制度是企业成功的一个重要的部分原因。然而，部分原因这一概念却没有引起学界的广泛关

〔1〕 赵心树：“因果关系的类型和概率分布”，载《中国海洋大学学报（社会科学版）》2007 年第 1 期。

〔2〕 赵心树：“因果关系的类型和概率分布”，载《中国海洋大学学报（社会科学版）》2007 年第 1 期。

注。学者们在讨论因果条件分类时仍然只谈传统的三类原因或三类条件，而忽略部分原因或部分条件，似乎除了传统的三类之外，就只有非原因或非条件了。这其实是学界研究的一个重大盲点。

美国北卡来罗纳大学新闻与传播学院赵心树教授在其《因果关系的类型和概率分布》一文中，通过对因果分类体系的科学检修和对各类因果类型出现概率的精确计算得出结论：各类因果关系出现的概率因事件重复次数的不同而不同。在一次性的特殊事件中，因果关系要么是充分必要因，要么是非因，而没有其他因果类型出现的可能。当事件重复出现两三次时，充分、必要、充要和非因出现的概率都相当大，而部分因出现的概率较小或等于零。但是，随着事件重复次数的增加，部分因出现的概率迅速上升，而其他四种因果关系出现的概率则迅速下降。当重复次数为四时，部分因的概率已不亚于任何其他一种因果类型；当重复次数为五时，部分因的概率超过了任何其他一种因果类型；当重复次数为八时，部分因的概率超过了所有其他因果类型的概率的总和；当重复次数为五十时，部分因出现的概率高于 90%，而其他四种因果类型中的任何一种的概率都低于 5%；当重复次数为一百时，部分因出现的概率高于 95%，而其他四种因果类型的概率的总和低于 5%；当重复次数为五百时，部分因出现的概率达到 99%，而其他四种因果类型的概率的总和仅为 1%。正如语言学家徐盛桓所言："传统的形式逻辑将世界上复杂多变的各种条件归结为必要条件、充分条件、充要条件……在现实世界里，这三种条件的纯粹状态是很少的。"小到日常生活，大到政治、经济、社会、军事上的决策，我们大量面对的都是成百上千或更多次重复的事件。而在这些事件中，绝大多数甚至几乎全部的因果关系都是部分因果。

笔者认为，对客观世界存在的这五种相关因，如果按照相关程度与方向进行排列组合，可得：非因、充分正因、充分负因、必要正因、必要负因、充要正因、充要负因、部分正因和部分负因九种，其中前七种（包括非因）是传统演绎逻辑假言推理获得必然结论的依据，实际上也是证据学中进行“证明”的基础。而后两种相关因是“推定”的基础，它是无法获得必然性结论但又无法回避的一种相关现象（推定与证明的区别见本书第二章的相关论述）。因此，随着实践场合的增多、实践频数的增大，事物间的部分因相关现象会越来越普遍，其致使事物间的因果（或条件）相关的可能性越来越接近于必然性，人们运用推定获得的结论正确率越来越高，即越来越接近案件的客观事实。

二、概率论原理

（一）统计学中的概率及求概率的方法

作为统计学的一个重要概念，概率有其特定的含义。由于我们此处的讨论只是在进行一种借用式研究活动，因此对概率理论的介绍仅仅是概况式的和肤浅的。一般来说，有一事件 A，对其出现某种可能性的大小作出数量方面的估计，这就是概率。一个事件发生的概率通常可以通过给出 1 到 0 的概率值来表示。如果我们说一个事件发生的概率是 1，我们就是在断定它肯定会出现；如果我们说一个事件发生的概率是 0，我们就是在断言它不会发生；概率的中间值则暗示着我们对事件发生有信心或缺乏信心。

在逻辑学中，对某一特定事件的陈述称为简单命题，对一个复合事件的陈述称为复合命题。求一个简单命题的概率叫作求事件的初始概率，求一个复合命题的概率则叫作概率演算。

求事件初始概率的方法很多，主要有先验概率、频率概率和主观概率三种求法。

1. 初始概率的求法

（1）先验概率。先验概率是指对于某一特定事件 A，如果总共有 n 种等可能而且互斥的结果，并且其中有 m 种对事件 A 出现是有利的，那么事件 A 的概率 P（A）就等于有利事件出现的数目与所有可能出现的数目之比，即 P（A）= m/n。比如，在某一具体时刻，某出租车公司车牌尾号为（01—60）的出租车中，前九号（即 01—09）之一途经某一地点的概率 P（A）= 9/60。先验概率也称为结构概率，它是建立在第十件结构的分析基础上，并且要求事件出现的结果必须是两两互斥而且是等可能的，即出现每一种结果的可能性必须是均等的。但是在现实中，上述情况是很少的，因此，尽管先验概率可以作为一种极有价值的指导，但我们最终还是得靠观察和经验来确定事件的概率。

（2）频率概率。频率概率是指，假设我们重复地进行同一个实验 n 次，如果随机事件 A 在这 n 次实验中出现了 m 次，则称比值 m/n 为着 n 次实验中 A 出现的频率。如果随着事件 A 出现的频率在某个数值 P 附近摆动，则事件 A 的概率就是 P（A）= m/n。例如，有些人对掷硬币出现正面的可能性做了试验，如下表：

试验者	掷硬币次数	出现正面次数	出现正面频率	出现正面概率
德·摩根	2048	1061	0.518 1	
皮尔尼	24 000	12 012	0.500 5	
维尼	30 000	14 994	0.499 8	
				0.5（1/2）

频率概率也称统计概率，它是依靠对一事件发生的统计频率去极限而得到的，即是由已观察到的频率推出为观察的频率。因此，频率概率是对归纳推理加以定量刻画的有力工具。但由于频率概率只有对于描述能够重复实验的事件才有意义，故对于不可重复的事件，如“W 先生死亡”的概率，就得靠人的主观认识了。

（3）主观概率。主观概率是指某个人根据已给定的证据对一个给定命题所持有的确信度。若在一个有两个操作员 X 和 Y 的工作环节中出现了技术故障，无确切证据显示该故障缘于 X 还是缘于 Y，我们则只能根据其他证据（如 X 与 Y 在过去工作中的表现，出故障当日二人的身体、情绪状况，二人的技术职称，等等）来获得我们对 X 或 Y 造成此次事故的确信度，亦即对 X 或 Y 造成此次事故的概率予以确定。

具体来说，当我们相信事件 A 出现与事件 A 不出现的比为 a∶b 时，我们就可以计算出事件 A 出现的概率为 P（A）＝a/（a+b）。例如，当有人相信 X 与 Y 制造此次事故的机会比是 5∶3 时，就可以根据公式计算出 X 出故障的概率是 5/（5+3）＝5/8＝62.5%。

主观概率也称为认识概率，它是由人们的知识状态所决定的。随着人们所掌握的知识及证据越来越多，主观概率值也就越大。主观概率是人们进行科学决策的逻辑基础。

2. 概率演算

结合逻辑学的相关知识，当我们知道简单命题的概率值以后，就可以计算复合命题的概率值，即进行概率演算。

（1）概率演算的基本规则[1]。①任何命题 p 的概率大于或

〔1〕 该部分符号“∧”（逻辑学中称为“合取”），其含义为“并且”；符号“∨”（逻辑学中称为“析取”），其含义为“或者”。

等于 0，小于或等于 1，即 $0 \leqslant P(p) \leqslant 1$。比如，命题“张丕林是 2002 年大连空难制造者”，在无其他证据的情况下，其成立的概率就在 0 于 1（包括本数之间）；②如果一个命题是重言式（通常指永真式），则它的概率等于 1。比如，命题“佘祥林的妻子张在玉要么活着，要么已经死了”，这是一个两肢不相容选言命题（$p \vee \neg p$），由于“生”与“死”是人仅可能的两种互为矛盾的存在状态，以不相容联系词“要么……，要么……”联结，即构成一个永真式，其成立的概率必为 1；③如果一个命题是矛盾式，则它的概率等于 0。比如，“甲构成贪污罪并且不被认为是犯罪”，由于该命题之两肢矛盾但却以联言形式表达（$p \wedge \neg p$），因此其成立的概率只能为 0；④如果两个命题是逻辑等值的，那么它们有相同的概率，即 $P(p) = P(\neg\neg p)$。一个命题当然与其否定之否定命题等值，因此其成立的概率也必然是相同的。

相容析取的命题的概率等于析取肢的概率之和，即 $P(p \vee q) = P(p) + P(q)$。比如，当命题“原告撒谎”的概率是 1/2，“被告撒谎”的概率为 1/4 时，命题“原告撒谎或者被告撒谎”的概率就是 3/4。

（2）条件概率。在计算复合命题的概率时，常常会遇到在已知命题 p 的条件下求命题 q 的概率。也就是说，如果一个命题 p 被告知是真的，就会影响到给另一个命题 q 分配的概率。若我们把 $P(p)$ 或 $P(q)$ 称为无条件概率，那么，由于有了附加条件 p，因此在命题 p 的条件下命题 q 的条件概率被记作 $P(q/p)$，它等于这两个命题的合取的概率比已知命题 p 的概率。条件概率的公式为：$P(q/p) = P(p \wedge q) / P(p)$。

（3）概率演算的导出规则。①合取的概率等于一个合取肢的概率乘以在第一个合取肢真的条件下第二个合取肢的条件概率，即 $P(p \wedge q) = P(p) \times P(q/p) = P(q) \times P(p/q)$。比如，在某

商店出售的热水器中，某厂生产的热水器（p）占 70%，其中合格（q）率为 90%，那么，在该商店买到一个热水器是该厂生产的合格品的概率就应该是 $P(p \wedge q)=P(p) \times P(q/p)=70\% \times 90\%=63\%$；②不相干命题的合取的概率，等于合取肢的概率的乘积，即 $P(p \wedge q)=P(p) \times P(q)$。比如，“甲煤矿发生矿井坍塌事件”与“乙煤矿发生矿井坍塌事件”是两个独立事件，若甲、乙煤矿各自发生矿井坍塌事件会造成人员死亡的概率均为 4/5，现两煤矿均发生矿井坍塌事件，则其均造成人员死亡的概率为 $4/5 \times 4/5=16/25$；③在命题 p 条件下命题 q 的条件概率等于命题 q 的概率与在命题 q 条件下 p 的概率的乘积比已知命题 p 的概率，即 $P(q/p)=P(q) \times P(p/q)/P(p)$（贝叶斯定理的简单形式，证略）。我们通过一个案例来分析概率规则；〔1〕④相容析取的概率等于析取肢的概率之和减去各肢命题的合取的概率，即 $P(p \vee$

〔1〕 韦泽民主编：《现代逻辑推理技法》，北京师范大学出版社 1990 年版，第 371~376 页。某人与其母的血型均为 O 型（命题 p，我们可将其作为一项证据），由于其父已去世，血型不知，但相关材料表明，其父出生地区四种血型的比率分别是 O 型为 36%，A 型为 28%，B 型为 28%，AB 型为 8%。因为某种原因需要确定其父的血型，并猜疑可能是 O 型（待证事实即假说命题 q），欲获知条件命题 p（基础证据事实）与假说命题 q（待证事实）的关联程度，则我们可通过计算出在命题 p 条件下 q 的存在概率的方式进行。

根据遗传学的知识（属于背景知识），我们得知，父母血型的不同组合所生子女血型为 O 的概率如下：

父母血型组合	O/O	A/O	B/O	AB/O	A/A	B/A	AB/A	B/B	AB/B	AB/AB
O 型子女概率	1. 0000	0. 2500	0. 2500	0. 0000	0. 0625	0. 0625	0. 0000	0. 0625	0. 0000	0. 0000

将上述数据代入贝叶斯规则中，P（q/p）是需要计算的“在母亲与子女均为 O 型血时，父亲为 O 型的概率”，P（q）是指“父亲为 O 型的概率”，P（p/q）是指“在父亲为 O 型（母亲也为 O 型）时子女为 O 型的概率”，P（p）是指“子女为 O 型的概率”。

由此可得，P（q/p）= P（q）×P（p/q）/ P（p）= 0. 72（该概率的计算需用到贝叶斯定理的一般式），由于所获得的数值 0. 72 是较高的概率，故基础证据事实 p 与待证事实 q 之间的关联性程度也较大。

q)= P(p)+P(q)- P(p∧q)(证略)；⑤一个命题的否定的概率等于 1 减去原命题的概率，即 P(¬ p)= 1- P(p)(证略)。

（二）概率的含义及其在事实认定中的运用

“概率”实际上是“可能性”的定量统计。“概率”一词有主观和客观两种含义。当我们说某命题有较高或较低的概率时，我们是在客观意义上使用它，指有关事件在一定的条件下出现的机会有多少。而当我们说某命题有多大的可能性时，我们是在主观意义上使用它，意思是在我们的思想中对这一命题有较高或较低程度的确信，即通常所说的确信度，一般用“大概”“可能”“必然”“不可能”等词语表达。客观意义上的概率同数学上的“概率”的意义极为相似，它研究的是一个关于某个事件在未来发生或不发生的命题的频率。20 世纪 30 年代德国哲学家莱辛巴赫建立了以事件的相对频率为基础的概率逻辑。他改变了以往将归纳逻辑作为科学发现逻辑的主要研究方向的做法，而只将归纳逻辑作为证明的逻辑加以研究，而且将归纳命题的证实问题转变为对归纳命题的确认程度问题。莱辛巴赫把概率概念分成两种形式：一种是数学上的概率概念，即运用数理统计的方法和数学语言来进行概率的演算（即我们上文提到的客观含义）。另一种概率概念则指逻辑语言所说的“可能”“必然”“推测”等意思（即上文之主观含义）。他认为，“数学的概率概念是陈述事件的性质，而逻辑的概率概念是陈述命题的性质。”[1]“如果我们也用频率来解释逻辑的概率概念，这两个概念就会变成同型的，数学的概念是用事件的频率来解释，而逻

〔1〕［德］莱辛巴赫:《经验与预言》（英文版），芝加哥大学出版社 1938 年版，第 302 页。

辑的概念是用事件的命题的频率来解释。"[1]

就大多数证据而言，它们对案件事实的证明都不是必然的演绎证明，而只是一种归纳，是一种"可能性"的推测（就推理形式而言，绝大多数是回溯——归纳推理之一种）。可能性有大有小，大到近乎必然，小到近乎不可能。我们运用概率逻辑的知识，就能对它进行定量的分析。由于我们所说的可能性推测是一种主观确信的东西，运用的是主观意义上的概率概念(即逻辑意义上的)，而在进行具体的定量运算时，必须运用数学中的概率概念，即我们必须用频率来解释逻辑概率，使它们同型。比如，需要用频率来解释"张三是某住宅钱款失窃案的作案人"这一假定性命题（通常是待证事实）时，可以对提出的一系列命题（通常是一些间接证据）先行认定，即先对"张三有作案时间"（因为"案发时有人在案发地见过张三"）、"张三有作案动机"（因为张三最近买彩票赔了许多钱，被人追债)、"张三有作案条件"（因为张三对被窃者及其住宅环境很熟，而现场显示为熟人作案——这本身亦为一种推断）等命题作出概率分析（裁判者基于心证而对其证明力作出的判断)。我们在概率 0~1 之间选定两个分界值 p1 和 p2，且 p1< p2，当裁判者心证获知的概率值大于 p2 时，就认为该证据是可信的；当概率值小于 p1 时，就认为其不可信；当概率值介于 p1 与 p2 之间，则为不能确定，必须进一步寻找其他证据。待对这一系列证据的概率值作出认定后，假定性命题即待证事实"张三是某住宅钱款失窃案的作案人"的可信度也就明确了。

需要指出的是，我们举的例子虽然是运用间接证据进行证明的情形，由于间接证据证明与事实推定原理相通（前文已有

---

〔1〕［德］莱辛巴赫：《经验与预言》（英文版），芝加哥大学出版社 1938 年版，第 302 页。

论述)[1]，故而概率理论当然可以运用到推定方法的使用中来。

“概率”在司法实践中被称为“置信度”。[2]美国早在20世纪中期就出现了运用概率原理认定案件事实的判例，后来还成立了一个专门的学术团体——贝叶斯证据论坛（Bayesian Evidence Forum）来讨论此问题，但是在我国法学理论及实务界，概率原理应用的领域却极其有限，概率这一概念往往只被用来对证明活动进行评估，而不是运用于证明活动本身。许多人认为，在个案的处理上，只有正确与错误的问题，如果将正确赋值1的话，那么错误当然就是0，而不会存在百分之几的问题，所以在对个案的定性上不宜适用概率。事实上，数量越来越多、范围越来越广阔的实践活动已经向我们展示，这种观念是有很大局限性的，由于概率理论是人类认识非确定性的产物，因此它反过来也成为指导人类认识客观世界的一种重要的方法论。概率理论能够揭示证据与案件事实之间的数量属性和逻辑关系，能够为司法证明提供一套相对严密的数理标准，能够让推定这种事实认定方法获得可以量化的科学依据，进而也会使得裁判更加令人信服，对于公平与效率价值的实现是大有裨益的。

三、直觉问题

（一）直觉的含义

直觉一词来源于拉丁文，本意指视线、外形。意大利哲学家克罗齐认为，直觉就是见到一个事物时，不假思索，心中只领会该事物的意象的一种认识活动，它可以不依赖于概念而赋

---

〔1〕 主要是针对间接证据与案件主要事实之间的关系而言。对于间接事实来讲，这些证据可能就是直接证据。

〔2〕 李英涛：“概率论在司法证明中的应用”，载《河北理工大学学报（社会科学版）》2004年第3期。

予无形式的物质以形式，它在本质上就是一种表现，是省略了推理过程而对事物的底蕴或本质作出的直接了解和揭示。正因为直觉不是经过有意识的思考或推理而得，所以它好像是从天而降、凭空冒出的一种感觉。实际上，直觉是人类求生存的原始能力。在人类会使用语言去推理和归纳之前，只能依靠感官和非语言的直觉来分辨危险。这个本能至今仍然存在，是和意识推理并行的一种能力。除了“直觉”，还有许多词被用来形容这种能力，例如，“预感”“第六感”“灵感”“洞察力”“内在的声音”或“预兆”等。西方人还用一个更为传神的词来形容直觉，他们称其为“内脏的感觉”，意即除了脑部有清楚的意识之外，五脏六腑都会说话、向你发出讯息。阿列克西曾经这样描述：无可否认，有些特性或关系只能通过非经验性的陈述来加以定义，这就是直觉主义的命题，以这种命题为基础的观点被称为“直觉主义”，因为这些非经验的实体不是通过五官而是根据其他的官能来予以认识的。有些作者把这个官能看作像是第六感之类的东西，另一些作者把它看作有点像是“先验洞观的能力”。在所有有待称为直觉主义的理论来看，实践论辩的事情都将通过任何一种直白的证明（evidence）来完成。只要这些直白的证明得到满足，就不会再有任何论述的余地。摩尔表达的意见极为清楚地说明这一点：“它不真实，是因为它不真实，没有其他别的理由。但我宣称它不真实，是因为它的不真实对我显而易见，我坚信我的断定有足够的理由。”〔1〕在证据法学中相关性就是一个较难理解的概念。在谈到相关性的定义时，华尔兹教授曾说：“相关性实际上是一个很难用切实有效的方法界定的概念。相关性容易识别，但却不容易描述。它使人们想起了合

---

〔1〕［德］罗伯特·阿列克西：《法律论证理论——作为法律证立理论的理性论辩理论》，舒国滢译，中国法制出版社2002年版，第46页。

众国最高法院的波特·斯图尔特大法官曾就色情问题说过的一段话——‘我无法给它下定义，但是当我看到时我能认出它。’”[1]这里也蕴含着“只可意会，不可言传”的直觉的作用。

直觉是指不受某种固定的逻辑规则约束而直接领悟事物本质的一种思维形式。直觉思维具有迅捷性、直接性、本能意识等特征。直觉作为一种心理现象贯穿于日常生活之中，也贯穿于科学研究之中。对直觉的理解有广义和狭义之分。广义上的直觉是指包括直接的认知、情感和意志活动在内的一种心理现象，也就是说，它不仅是一个认知过程、认知方式，还是一种情感和意志的活动。而狭义上的直觉是指人类的一种基本的思维方式，当把直觉作为一种认知过程和思维方式时，便称之为直觉思维。狭义上的直觉或直觉思维就是人脑对于突然出现在面前的事物、新现象、新问题及其关系的一种迅速识别、敏锐而深入洞察，直接的本质理解和综合的整体判断。简言之，直觉就是直接的觉察。

直觉思维与分析思维相比虽然有着明显的区别，但二者的发生和形成并不矛盾。在一定程度上，直觉思维就是分析思维的凝结或简缩，从表面上看，直觉思维过程中没有思维的“间接性”，但实际上，直觉思维正体现着由于“概括化”“简缩化”“语言化”或“内化”的作用，高度集中地“同化”或“知识迁移”的结果。

另外还需说明的是，在心理学上分析思维即指逻辑思维，因而直觉思维与分析思维相对，也就是与逻辑思维相对。实际上，形象思维也有常规性和直接性之分。当作者在进行人物、情节等描写的时候，所进行的思维就是有步骤地进行形象的分

---

〔1〕［美］乔恩·R. 华尔兹：《刑事证据大全》（第2版），何家弘等译，中国人民公安大学出版社2004年版，第81页。

析和综合的过程，它是属于常规性的。而当作者在审美观察中捕捉形象时，往往又是直接性的。所以，我们这里所说的分析思维是指常规性的体现着一定步骤或程序的思维，它可以是抽象思维，也可以是形象思维。而直觉思维的对象或结果可以是抽象的，也可以是形象的。具有直接性质的形象思维，钱学森又将其称为“直感思维”，它是形象思维的一部分。

（二）直觉与司法推定

科学哲学家认为，直觉是一种使我们能从远处俯瞰目标的能力。这种俯瞰虽然可能是朦胧的，却是全景式的，克服了某些清晰认识的局部性。[1]运用证据认定案件事实是诉讼主体共同面临的问题。实证考察表明，案件事实的认识过程中直觉总是在不经意中发挥着重要的作用。哈克森法官退休后，对自己作出判决的过程作了描述：在审核自己所掌握的案件材料后，便“深思原因，等待感觉，预感……去预感所指的任何地方……”，他说，法官实际上是通过感觉而不是通过判断来判决的，是通过预感而不是通过推理来判决的，这种推理只出现在判决理由中，对判决最重要的推动力是在一个案件中关于是非的直觉感。哈克森的描述表明，法官作出判决，是从预感或直觉开始的，而不是从三段论式的推理开始的。[2]

直觉的结构与证明理论中的三段论式相比，具有直接、无规则和原发的特点。首先，它是一种直接顿悟，没有推理环节，隐含着经验规则，“灵机一动，计上心来”。而三段论式是一种多环节的推理，要有明确的大、小前提，才能得出结论。其次，司法预感刹那即成，不受意识控制，无规则可循，而三段论式

[1] 张保生：《法律推理的理论与方法》，中国政法大学出版社 2000 年版，第 287 页。

[2] 袁坦中：“前理解、直觉与诉讼证明”，载《求索》2004 年第 11 期。

的推理是自觉的思维过程，推理的各个环节密切联系，推理过程须符合逻辑规则。第三，直觉是一种原发性的认识，从某种意义上说，三段论推理是由它派生而来的。

古人有“两造具备，师听五辞”的先训，这种五声听狱讼的方式除了我们一向认为的公开审理，两造对抗的含义，内中也有由当堂审讯明辨证据真伪形成初步认定直觉的意义。[1]日本刑侦专家大田正一曾经说过，直觉并非不可捉摸，它是在理性之外经验法则累积的结果，它绝不是一个阅历粗浅者所能随意形成的主观判断。在审判实践中，因为直觉来自于裁判者的亲身体验和直接感知，因此尽管它有时也可能会是一种假象，但与案卷所形成的“二度创作”相比，直觉不会遗失鲜活的证据所包含的只可意会的信息，在多数情况下它可能会更接近事实真相。因此，法官进行司法推定的心证过程绝不可能排斥直觉的作用。在好莱坞影星罗伯特·布雷克杀妻案的民事审理中，罗伯特的刻意发挥、过度表演就给陪审员造成了极坏的直觉印象，进而使这些事实裁判者形成对其不利的心证。著名的京剧《玉堂春》中也有我国古代官吏依直觉断案的体现。大理寺卿见到苏三时有一句京白：“看她那可怜见的样儿，哪里是甚么作奸犯科的人啊！”笔者记得何家弘教授曾笑言从事侦探小说写作的自己是生性猜疑、不被表象蒙蔽的人，但试想，若面对孤零惶恐的苏三，即使是再多疑的何教授也不会得出与老吏相反的感受。所以，直觉在有些时候是符合大众思维特征的。

我们知道，司法推定的依据就是法官心目中的经验法则，即基础事实与推定事实之间的常态相关。由于经验法则是一种无形的信念，从某种意义上讲，这种信念需要借助理

---

〔1〕龙宗智、衡静：“直觉在证据判断中的作用”，载《证据学论坛》2001年第1期。

性或非理性的思维活动予以激发才能实现，直觉即是可以激发这种信念的极为重要的非理性思维活动之一。因而可以说，直觉不仅不排斥推定的依据——经验法则的运用，而且直觉的本质就是隐含的经验法则的凸现。在司法推定过程中，法官依直觉往往能够快速辨别证据的真伪，根据直觉建立的初步信念初步判定行动的方向、预设案件事实的结论。[1]法官表面跨越经验法则的直觉思维，有时恰恰会昭示内心经验法则的选择和运用。

当然，人们对直觉也提出了许多质疑。或许最强的一种论点是：鉴于不同的人所体验到的直白的证明不同这个事实，直觉主义不可能为正确的和不正确的、真实的和不真实的直白证明提供任何标准。但这一理论如果想要证立其在道德领域内能够建立起客观知识和道德真理，那么它就必须得提供这样的标准。若缺乏这样一个裁判（决定）标准，那么直觉主义就会走到与伦理主观主义同样的结果。所以，无论直觉主义怎样滴水不漏地反驳自然主义，它本身也同样是难以站得住脚的。[2]

但是，我们不能因为直觉的非理性特点就拒绝对它的运用，这正如我们不能“因噎而废食”一样。我们知道，长期的理性思维锻炼和经验积累是合理而可靠的直觉产生的基础。因此，事实裁判者应当直接参与程序，接触第一手证据材料，由充分的亲历性中获得合理直觉，激发正常直觉的动因。当然，强调直觉在司法推定过程中的作用，并不是将直觉的作用无限制地

---

〔1〕 龙宗智、衡静：“直觉在证据判断中的作用”，载《证据学论坛》2001年第1期。

〔2〕［德］罗伯特·阿列克西：《法律论证理论——作为法律证立理论的理性论辩理论》，舒国滢译，中国法制出版社2002年版，第47页。

"绵延"扩展，否认理性认识或牵强地要求理性服从直觉。对事物正确地把握，应当是严密的逻辑思维辅以直觉的指引，这样得出的结论也才最具有说服力。〔1〕

〔1〕 龙宗智、衡静："直觉在证据判断中的作用"，载《证据学论坛》2001年第1期。

第五章
推定的运用

一、对推定的规制

（一）基础事实的确证

基础事实的确证是正确适用推定的必要条件。立法推定的本质是立法者在制定成文法时就有关事实的认定为法官设置的适用规范，当基础事实被确立且对方当事人没有对推定事实提供反面证明，法律强制法官作出推定事实存在的认定，即使当事人没有对推定事实加以主张，也就是说，当基础事实确立后，法官就没有自由裁量的余地了。司法推定属于法官自由心证的范畴，法官的自由裁量权较大，其基于已被确证的基础事实，依赖事物间的常态相关，凭借经验法则，能够直接认定待证事实。由此可见，推定在诉讼中具有与证明同样的效力，即推定的事实无须证明就可以被看成是已经得到证明的真实事实。但这种真实性来源于基础事实的真实性。只有基础事实是真实的，据以推出的推定事实才有可能是可靠的。反之，如果基础事实本身就是不真实的，则推定事实肯定就是靠不住的。所以，无论是由法律预先做出规定的立法推定，还是以法官心证而为的司法推定，能够正确适用的首要前提均是基础事实必须得到确证，换句话说，对于基础事实的确证当属第一要务。目前有学者认为，推定的特点就在于其不能确定的或然性，因而基础事实是一个（或一组）高度盖然性命题。这种认识是极其错误的，因为它混淆了基础事实与经验法则这两个概念。作为经验法则（表述基础事实与推定事实之间关系的假言命题）是或然的（后文述），而基础事实却必须要求为必然性事实。

基础事实的确立来源于以下几个途径：①审判上的认知，即审判人员因其职务而应当知道的事实；②众所周知的事实；③起诉状和答辩状中相同的事实陈述；④经充分证据证明的事实。此外，由于国外诉讼法采当事人主义，故把双方当事人的约定也作为基础事实的来源之一。[1]作为推定所依据的基础事实，除了法院已知或众所周知的事实可以由法院直接确认外，其他都应由主张该基础事实的当事人举证予以证明。因为推定的适用，仅仅是免除了对其有利的一方当事人对推定事实的证明责任及提供证据的责任，并没有免除其对基础事实的提供证据的责任。如果承担举证责任的当事人不能举证证明基础事实的真实性，司法机关查明的事实也不足以证明基础事实的真实性，推定便无从适用。例如，在继承案件中，如果几个先后具有继承关系的人在同一个事件中死亡的事实得不到证明，有关他们死亡先后时间的推定就不能适用。即在基础事实得不到证明的情况下，司法机关不应进行推定。另外，作为推定的启动标准之一，形成推定所需的前提事实不能只达到“高度盖然性”的证明标准，应尽可能达到“排除合理怀疑”的程度，至少要在法官适用推定时形成确信的心证。

值得一提的是，对推定的推翻与对基础事实的证明所进行的攻击属于不同的范畴，不能将二者混为一谈。对基础事实的

---

〔1〕［美］摩根：《证据法之基本问题》，李学灯译，1983年版，第57页。

成功攻击虽然同样导致推定没有产生相应的效果，但它表明的是根本没有推定存在，而不是推定已被推翻。通过驳斥据以建立的基础事实而使推定无从提起的责任与推翻推定的责任（该责任随着相关推定的性质不同而有所不同）并不相同。推定的有利方始终承担证明存在足以提起推定的基础事实的说服责任，这种责任不容减轻，更不容转移至推定的不利方身上。倘若将这两种责任相混，推定的不利方很可能会在基础事实本身是否存在的问题上，被要求承担提出证据的责任或说服责任。

（二）经验法则的选择

1. 经验法则小述

（1）经验法则及其作用。经验法则是建立在经验基础上的、通过大量同类事实得出的一般性结论，其或者是一般生活经验，或者是专门的专业知识。[1]它是人们在长期生产、生活以及科学实验中对客观外界普遍现象与通常规律的一种理性认识。经验法则通常以假言命题形式表现出来，是与个别经验相比通过归纳所获得的事物性状和因果关系。司法意义上的经验法则的特殊性表现为，法官常常以自身的学识、亲身生活体验或被公众所普遍认知与接受的那些公理经验作为法律逻辑的一种推理定式。

推定涉及基础事实与推定事实二者之间的关系。在两件事实之间，存在真理的相合说与盖然性的相合说这样两种观点。[2]罗素不承认真理的相合说，但认为有一个盖然性的相合说，他指出："这个盖然性的相合说是很重要的，且我认为是有效的。假定你有两件事实和连接着两件事实的一个因果原理，这三者

〔1〕［德］奥特马·尧厄尼希：《民事诉讼法》（第27版），周翠译，法律出版社2003年版，第115页。

〔2〕叶自强：《民事证据研究》，中国社会科学出版社2007年版，第79页。

合起来的盖然性就可能大于其中之一的盖然性，而且这互相连接的事实和原理越多越复杂，则由其互相相合而来的盖然性就越高。要知道，若不把原理引进来，一堆假定的事实既不能说是相合，也不能说是相抵触，因为若不靠逻辑以外的原理，无论两种是什么事实都不能彼此相蕴含或者相矛盾。”〔1〕罗素的这段话可以算作是对经验法则的注解，从中我们可以品出经验法则在推定的适用中具有举足轻重的地位。

经验法则并非是伴随着自由心证而出现的舶来品，也并非是现代司法进步的产物。人类利用已有的经验去探知或推测未知的事物，是一种与生俱来的本能。我国古代的法官就已非常注重经验的积累和经验法则的运用。据《折狱龟鉴》载：李惠为雍州刺史，人有负盐负薪者，同释重担息于树阴。二人将行，争一羊皮，各言藉背之物。惠遣争者出，顾州纲纪曰：“以此羊皮拷知主乎？”郡下以为戏言，咸无应者。惠令人置羊皮席上，以杖击之，见少盐屑，曰：“得其实矣。”使争者视之，负薪者乃伏而就罪。两造都主张羊皮是自己的，但是都没有证据证明是自己的，这使事实陷入了真伪不明的状态。李惠吩咐人将羊皮铺在席子上，然后用木棍敲打，通过发现席子上散落的盐屑看出这羊皮的主人。这是生活中总结出的规律在司法活动中的实际运用，也就是我们现在所说的法官在司法审判中对“经验法则”的运用。经验法则对司法活动，特别是对事实认定所起的作用是客观存在的。

（2）经验法则的特征。通常来讲，能够作为法官进行事实推定的依据的经验法则，应当具备如下特征：首先，经验法则是一种客观规律，它对人类社会实践（包括司法活动）具有普

〔1〕［英］伯特兰·罗素：《我的哲学的发展》，商务印书馆1982年版，第187页。

遍的指导意义。经验法则不是立法或法官个人规定的，更不是法官凭空想象、臆断或推测出来的东西，它是人类从日常生活中抽象出来经归纳获得的事实，其内容来源于客观的物质世界，因此，它可以经受实践检验，并以一种合乎常理的形式存在，它也可以成为验证实践合理性的标尺。自由心证要求法官在为证据评判时必须谨守评价上的合理与合法原则，所以一般的论理法则与经验法则，其作用即在于为法官心证的合理性提供一种考察手段。其次，经验法则是人们从经验的积累中抽象、归纳出来的一般知识或常识，普适性是其本质属性。经验法则不针对具体人或具体事物的属性，它原则上可适用于一切人、一切事物。经验法则的内容既可以是关于自然现象方面，又可以是关于社会现象方面，其范围非常广泛。经验法则来源于一般人的社会生活经验，并不为少数人所专有，所以，广泛认同性无疑是其显著的特点。经验法则存在于一般人心中，为一般人所接受，遵循经验法则，则与一般人的愿望相符，违背经验法则，则不能为一般人所接受。因此也就意味着，法官遵循经验法则作出的裁判能得到广大群众的认同。再次，经验法则无须证明并无需法律规定。因为经验法则不是具体的事实，而是谁都知道并且不觉得奇怪的常识，照此种观点，不管怎样专门性问题，只要法官以其个人的研究和自己的经验所知道的，就可以直接用它来认定事实。〔1〕同时，由于经验法则在数量上是无限的，在内容上是多样、流动且发展的，因此法律根本无法逐一对其加以具体规定。最后，经验法则具有时效性和地域性。经验法则在具有我们能够把握的稳定性的同时，也具有很强的适时性。由于时代在发展，社会在进步，某些属于常识的命题

---

〔1〕［日］兼子一、［日］竹下守夫：《民事诉讼法》（新版），白绿铉译，法律出版社 1995 年版，第 102 页。

是可能改变的，有时变得还很快，例如近几十年来有关妇女的偏好和能力的看法。[1]因此，在运用经验法则认定案件事实时，既不能“用老观念来看待新问题”，又不能把未来或还只在少数人中存在的经验法则当作一般人的经验法则来运用。另外，人类日常生活经验中有相当一部分是与社会生活上的有关道义、惯例、交易习惯等联系在一起的，这些都有着明显的地域性。因此，不同地方的人有不同的经验法则，在甲地适用的经验法则也许在乙地根本行不通。法官在运用经验法则推定案件事实时，一定不可忽视经验法则的地域性特征。

2. 作为推定依据的经验法则

（1）经验法则的分类。学界最为常见的是将经验法则作如下两种分类：①一般经验法则与特殊经验法则。一般经验法则是以事物发生的高度盖然性为内容而形成的规则，它是为社会中的普通人普遍接受或者体察的社会生活经验。而特殊经验法则是需要借助于特殊的知识和经验才能认识和体察的专门经验和知识。一般认为，法官对于一般经验法则，可直接用以认定事实或适用法律的需要，但对于特别经验法则，法官一般不能径行作为认定事实的基础，而必须适用较为严格的证明程序，以使认识的内容更加客观化。但是笔者认为，这种在诉讼上将依特别知识或经验所取得的事实作为证明的对象的活动，并不违背经验法则的无须证明之特性，换句话说，对特殊经验法则的“证明”，仅是通过专业技术人员或专业技术方法对经验规律的“昭示”，并非诉讼证明意义上的“证明”；②生活规律、经

[1] ［美］理查德·A. 波斯纳：《超越法律》，苏力译，中国政法大学出版社2001年版，第6页。

验基本原则、简单的经验法则、纯粹的偏见。[1]这种“四分法”是德国普维庭教授依盖然性的高低对经验法则所作的分类。他认为生活规律包括自然规律、思维规律和一些被人们普遍默认的规则，比如每个人的指纹、血型、DNA与人的联系，“一般属于已经得到数学上的证明，或者符合逻辑，或者不可能有例外的经验”，因此有最大的盖然性。经验基本原则具有很高的盖然性但不能完全排除例外情形，通常指生活方面的经验，比如跨越铁路道口已放下的护栏而被列车撞击致受伤害，可认定是受害人的过错。简单的经验法则具有较低的盖然性，但还是一种认识的辅助工具，比如在高速公路紧急停车道上停车，可推定是汽车出现故障，但也可能是由于司机身体不适所致。纯粹的偏见不具备盖然性规则。这样的规则没有价值可言，因而在判决中没有它的位置。普维庭认为只有前三种经验法则才可以作为认定事实的大前提。

高度盖然性是法官形成自由心证的最低标准，作为推定的依据，经验法则亦应适用且不得低于该标准。由于“生活规律”可归入“自然规律和定理”的范畴，所以我国《最高人民法院关于民事诉讼证据的若干规定》第64条规定中所谓日常生活经验法则，依效力应是上述普氏分类的经验基本原则。

（2）经验法则的运用。我国《最高人民法院关于民事诉讼证据的若干规定》第64条规定：审判人员应当依照法定程序，全面、客观地审核证据，依据法律的规定，遵循法官职业道德，运用逻辑推理和日常生活经验，对证据有无证明力和证明力大小独立进行判断，并公开判断的理由和结果。该条所包含的司法理念就是经验法则。证据法上的经验法则是法官以日常生活中所形

---

〔1〕［德］汉斯·普维庭：《现代证明责任问题》，吴越译，法律出版社2000年版，第155~161页。

成的反映事物之间内在必然联系的事理作为待证事实的根据的有关规则。也就是说，法官结合日常生活中亲身经历所领悟的或者借助相关信息资料而取得的知识，对有关事物的因果关系或者一般形态进行归纳，得出对案件事实判断起作用的理性认识。我们可通过一个实例来考察经验法则在法官认定案件事实中的作用。

被告丙系原告甲之妻乙的表姐。2005 年 8 月 6 日，乙用丙的身份证在某县农业银行存入现金 8 万元，该存单一直由乙保管。2006 年 6 月 15 日，乙遇车祸身亡。在甲为妻子办理丧事之际，丙去银行办理了 8 万元存款的挂失手续，甲遂诉求法院依法确认该笔存款为己所有。对原告之妻乙于 2005 年 8 月 6 日在该县农业银行以被告丙的名字存入 8 万元现金这一事实，原、被告均无争议，但就丙托乙代存款，还是乙借丙的身份证存款，双方存在争执。在庭审中，被告丙陈述：该款项系其夫王二将 8 万元现金连同丙的身份证一并交于乙，后乙只返还身份证，却未将存单一并返还，在此之前，丙的身份证从未借与乙使用。为了证实乙曾借用过丙的身份证，应原告申请，法院依法调取了 2005 年 5 月 20 日原告甲与其妻乙在县农业银行的存款、取款凭条，证实原告与其妻在涉案存款之前曾经借用过被告丙的身份证。据此，法院认为，本案的 8 万元存款系原告甲之妻乙借用被告丙的身份证而存入的，该款项应属原告和其妻的夫妻共同财产。被告丙以实名制和委托存款为由主张该款项的所有权，证据不足，理由不充分，不予支持，依照我国《民法通则》第 75 条之规定，依法判决原告甲之妻乙 2005 年 8 月 6 日在该县农业银行以被告丙的名字存入的 8 万元存款，属乙生前和原告李某的夫妻共同财产，被告丙无所有权。[1]

---

〔1〕 姜守华、秘杰云："'逻辑推理'和'经验法则'在证据认定中的应用"，载百度网，访问日期：2008 年 1 月 20 日 。

本案系法院在已知证据证明不能的情况下依据经验法则进行事实推定的典型案例。在本案中，被告丙与其丈夫王二系农民，丙陈述该 8 万元是其种棉花、冬枣积攒下的，一直在家中保存，未存入银行，这一点不符合日常生活经验。另外，据被告陈述，乙在归还身份证时却未将涉案存单一并归还，来自农村家庭的被告丙对 8 万元存款如此漠不关心，更是不合情理。同时，被告家庭居住地距县城不足 2 公里，其完全有条件单独去银行存款，没有必要委托远在 10 公里之外的表妹乙去县城农业银行存款，因此，被告辩称该涉案款项系其委托乙代存的理由让人难以采信。法院依法调取的原告与其妻在该县农业银行的存款、取款凭条，证实了原告与其妻在涉案存款之前曾经借用过被告的身份证。该证据反驳了被告辩称的在涉案存款之前没有将其身份证借用给乙的辩解理由，同时进一步证实了原告的主张。

需要特别说明的是，经验法则的运用并不是无条件的，它只是在占有一定证据的基础上借助日常生活经验对证据进行酌量和判断，从而得出结论，即“案件事实”。各证据在法官利用经验法则得出的“案件事实”中应得到合理的说明，这样得出的结论才是可靠的、能够说服人的，也具有正义性。同时，法官在诉讼中应基于一般经验法则和价值观作出合理的推定，不可基于个人的独特经验或背离主流价值取向来运用推定，如此推定的适用结果对公众来讲才更具有可预测性，公众对诉讼结果的公正性也才更为认同。否则推定只会沦为滥用自由裁量权的工具，社会公众无法接受，该项制度也将面临丧失正当性的危险。

另外，推定是事实相互间关联关系的类型化，其证明作用以经验法则为基础。而经验法则一般具有主观性、相对性，其内容反映了事实的盖然性。事实的盖然性依具体事实的情形有所变化，有高有低。对于事实推定而言，其盖然性一般较高，这就要求作为其基础的经验法则不能反映过多的主观上的内容，而应使其类型化。在大陆法系的德国、日本、法国以及我国台湾地区，违背经验法则审理案件是可以作为上诉第三审的理由的。笔者认为，经验法则在推定中发挥了逻辑三段论中大前提的作用，它是证据评价的根据，同时也作为自由心证主义的内在制约而发挥作用。法官选择经验法则时必须受基础事实与推定事实两者之间这种内在联系的制约。这一方面是作为自由心证原则前提的证据裁判原则的要求，另一方面也是由经验法则本身的客观内容所决定的。但是，运用特定的经验法则来对具体的证据作出评价时，也必然会受到人们关于该经验法则内容及盖然性程度的一般理解的制约。既然经验法则的必然性和盖然性属于客观范畴，因此违背具有必然性或高度盖然性的、具体类型化的经验法则，应当理解为是对有关经验法则的法律规范的违反，可以作为当事人上诉的理由，法官因此而进行的事实推定，应予撤销纠正。

（三）推定的效力

推定的效力，即指推定能产生何种法律后果，或者说当某一推定成立后，受推定不利影响的一方若进行反驳需要达到何种程度方可使推定的事实归于消灭。关于推定效力的问题学界观点分歧较大，以至于有学者感慨道："……困难并不在于要确定推定是什么，而在于确定推定的效力是什么。"[1]

一般而言，推定的效力表现在两个方面：其一，类似证明的

---

〔1〕 D. Craig Lewis, "Should the bubble always burst? The need for a different treatment of presumption under IRE301", 32 *Idaho law review* 1995. 转引自王学棉：《特殊类型诉讼中的司法正义》，人民法院出版社 2003 年版，第 123 页。

效力。[1]即一旦基础事实得以成立，对方当事人又未能就推定事实提供相反证据，推定事实的存在就可以直接予以认定，从而使推定事实成为案件证据锁链的组成部分，但推定结论不可再作为证明其他案件事实推定中的基础事实的证据。其二，程序效力。即基础事实的确立会给对方当事人造成诉讼压力，从而对其诉讼权利和义务产生影响，亦即对方当事人很可能就推定事实的成立提出异议。可是，推定的程序效力究竟有多强？对方当事人究竟应提交多大分量的证据才能否定推定事实的成立？推定的证明效力何时能够实际发生？

在对这些问题的处理上，美国有几个较为典型的、具有借鉴意义的学说：塞耶的“爆泡理论”，摩根的“转移说服负担说”和布荣的“个别对待说”等。[2]

塞耶认为，尽管司法实践中存在着排除合理怀疑、优势证据等证明标准可资利用，但并不需要就此作出特别的规定，更无须达到那么高的证明程度。推定的程序效力只限于在推定事实没有遭遇相反证据的情况下取得一种证明上的便利。一旦对方当事人提交了相反证据，且相反的证据使人感到与推定事实相对立的观点是“合理可能的”（rationally probable），推定的效果即归于消灭。塞耶的这种极易消失的程序效果理论被后人称为“爆泡理论”（bursting-bubble theory）。一位法官将此程序效果比作蝙蝠：“晨曦之中，法律的蝙蝠轻轻掠过；待事实的阳光

〔1〕 笔者认为，推定是一种与证据证明平行或者说对证据证明予以辅助的认定案件事实的方法。推定本身不同于证据证明，因此推定的该效力只能称为类似证明的效力。

〔2〕 秦策：“美国证据法上推定的学说与规则的发展”，载《法学家》2004年第4期。

照来，它便飘然逝去。”[1]“爆泡理论”为美国《联邦证据规则》所采纳。

摩根坚决反对塞耶的“爆泡理论”。他认为“爆泡理论”赋予推定的效力过于微弱，如果一个推定值得法律、诉讼加以肯定，它就不应当仅仅因为提供了一些事实审理者可能相信也可能不相信的证据就消失。推定的诉讼价值其实与证明责任分配所依据的法理基础并无实质上的区别，因而没有必要将推定仅仅视为一种转移举证负担的机制，而应当增强它的效力。他指出：“如果（推定的效力）这么容易被消灭，那么，推定的设定本身就显得毫无意义。”[2]摩根的理论被称为“转移说服负担说”，为《统一证据规则》所采纳。该法典（1953年）第14条（1974年修改后为第302条）规定：“如果本规则或其他法律没有相反规定，在所有民事诉讼和民事程序中，证明推定事实不存在较其存在更为可能的责任由反对该推定的当事人承担。”

布荣教授的理论被称为“个别对待说”。他主张，每一项推定都有其自身的设定理由，而这些理由又与实体法千丝万缕地联系在一起。正是实体上的考虑决定了某项推定所应有的程序效力。在放弃为所有推定寻找单一规则做法的前提下，立法者应当为适当地、多样化地确立推定效力提供明晰的指导方针。法庭和立法机构应当拥有一种选择的自由来为具体推定设立最恰当的效力，从而使“每一项推定都得到个别的处理”。[3]

---

〔1〕 Mockowik v. Kansas City, St. J. & C. B. R. R., 196 Mo. 550, 571, 94 S. W. 256, 262 (1906) 转引自秦策：“美国证据法上推定的学说与规则的发展”，载《法学家》2004年第4期。

〔2〕 转引自 Steven D. Smith, “the Effect of Presumptions on Motions For Summary Judgment in Federal court”, *UCLA Law Review*, June 1984, p. 1109.

〔3〕 Kenneth S. Broun, “The Unfulfillable Promise of One Rule For All Presumptions”, *North Carolina Law Review*, vol. 62, 1984, p. 710.

上述几种理论都有其可取之处，因此始终能够在相互批驳中共存。笔者认为，对推定效力的研究最好能够考虑到具体的推定类型。学界按照不同的标准对推定做了不同的划分（前文已述），此处笔者不想严格按照逻辑分类标准逐一对各种推定的效力予以分析，只想综合考察，选取几个于学界有所争议的角度，对该问题略作探讨。①司法推定的效力。由于该种推定指审判者基于职务上的需要根据一定的经验法则，将已知事实作为基础事实，进而推论未知事实的证明手段，因此基于法的安定性以及抑制法官自由裁量权的考虑，只要推定之不利益方能够举出相反证据使推定事实处于真伪不明状态，动摇法官心证即可，而无需对自己的反驳主张进行充分的证明；②法律上的权利推定的效力。从构造和本质上看，权利推定与一般的法律推定并没有本质的区别，它是指法律直接从基础事实推断某种权利存在，典型的例证是关于占有的权利推定。判断一个具体权利推定究竟具有何种效力，是一个涉及比较双方错误成本的法律解释的问题。例如，在《加州证据法典》中，“物由谁占有，就推定为由谁所有”，是一个只需提供相反证据即可推翻的推定。而“财产合法所有权的所有人被推定为所有权权益的所有人”，则“只有经清楚和令人信服地证明后，该推定才可予驳回”，是一个需要强力证明方可推翻的推定。如此规定是由于所有权人在所有权权益纠纷中错判败诉时成本更高，立法者出于稳定权益秩序、促进物尽其用的政策考虑而定；③刑事推定的效力。刑事推定是事实推定在刑事诉讼中的运用，它要求基础事实与推定事实必须具有极强的联系。因此，既然对无辜者定罪的错误成本远高于对有罪者开释的错误成本，那么就很难由于新事实的确证而引入新的政策考虑来缩小这一错误成本之差，因此刑事推定只应该转移举证责任。如果我们假定刑事诉讼证明标准一直恒定，那就是说被告对刑事推定的反驳只要有合理的可能即可。

在此，笔者有一个观点需要交代。笔者认为，推定产生的直接后果应该是证明责任的卸除，更确切地说是证明责任中说服责任的卸除。即当前提事实被当事人举证确定后，裁判者即可依据经验法则对推定事实予以认定，略去了该方当事人运用前提事实（或再增加其他证据）对推定事实的证明，即略去了其履行说服责任的过程，除非对方当事人对此进行反驳。而对方当事人进行反驳是其所享受的推定救济权利，或者称之为一种抗辩权利。亦即对方当事人完全可以放弃此项反驳活动而任由推定产生效力，此时即使其成为推定的不利益方而可能承受败诉风险，也应该是因“主张方证明力过强”使然，决不能理解为，推定不利益方应该承担证明基础事实、推定事实不存在或者推定依据——经验法则不成立的举证责任，进而在其败诉时认为其是因“举证不能”使然。换句话说，我们不能称推定的后果是“转移了证明责任”。“证明责任的转移”是有特定含义的。基于民事诉讼的特点，在诉讼过程中，提出证据责任及说服责任可能会在当事人之间频频发生转移；刑事诉讼的主证明责任在控方，行政诉讼对被诉具体行政行为的证明责任在被告行政机关，但是在诉讼过程中若辩方（刑事诉讼）提出某一具体的事实主张或原告方（行政诉讼）提出具体行政行为以外的其他证明对象，则会发生证明责任的临时性转移，直至该证明责任履行完毕再回归到原主证明责任上去。但无论是刑事诉讼、民事诉讼还是行政诉讼，证明责任的转移都不违背“谁主张谁举证”的基本原则。单从这一点出发，认为推定是自动将证明推定事实不成立的责任转移给了推定之不利益方的说法就欠推敲。最起码的两点原因：第一，构成“转移”须不利方主动提出

主张。第二，不利方须提出独立的诉讼主张，而不能仅是对推定事实简单的否定。从这个意义上讲，如若非要将推定的后果与证明责任挂靠，那也只能勉强说它与举证责任倒置有些相似。

(四) 对推定的救济——为不利益方提供充分反驳的机会

1. 对推定予以救济的必要性

司法推定不具有强制性，即使是立法推定，其本质也不同于法律规定，相对人可以对基础事实与推定事实提出异议。在民事、行政诉讼中，相对双方平等独立的诉讼主体地位，内在地要求法律在配置诉讼权利、诉讼义务时，做到双方攻防手段平衡、诉权受到应有的尊重和保障，保证双方积极参与诉讼程序并产生实质性影响。即使是主体地位不平等的刑事诉讼，推定方法的适用效力也只是期待性的，亦即只有在合理期限内没有受到不利方反驳，始能生效。既然赋予了一方当事人推定权利，就应当赋予对方当事人救济的权利，否则，法律的天平就倾斜了，并且这种救济在具体的司法实践中应当被强化，因为证据法律制度的宗旨之一就是保障诉讼当事人的证明权。[1]

另外，推定是根据通常情况的最大可能性所作的暂时性的假定。尽管基础事实是真实的，但由于据以推定的经验法则仅是盖然性的，故推定事实就有可能不是确切真实的，尤其在司法推定中更是如此。所以，应尽可能多地使因推定的适用而不利的当事人有反驳的机会。只有这样才能体现当事人的平等主体地位并确保当事人合法权益及公平、正义的实现。

2. 推定的救济方法

推定结果的不利益方当事人为了实现推定的救济，可以从三个角度对推定予以反驳：一是对基础事实的真实性举证反驳；

---

〔1〕 邵明：《民事诉讼法理研究》，中国人民大学出版社 2004 年版，第 240 页。

二是对推定事实的存在进行否证；三是对推定所依据的经验法则的合理正当性进行反驳。后两种反驳一般只能存在于司法推定的情形中。

（1）对立法推定的救济。因为立法上的事实推定，只是以甲事实的存在已获证明的基础状态，推定乙事实存在，从而卸除当事人对推定事实的举证负担的一种证据方法。而立法上的权利推定，是以基础事实的证明代替法律规定的权利存在或不存在的证明。对方当事人欲阻却该事实或权利推定效果，不能采用质疑推定依据的方法，通常也不能直接否证推定事实，而只能通过排除前提事实的途径，即是以与所规定的要件事实相反的证明来实现其救济。由于主张推定的一方对基础事实承担证明责任，反驳方只要使该基础事实处于真伪不明状态，推定便不能适用。对基础事实进行反驳主要包括：①直接反驳，又称反证阻却法，即直接反驳基础事实的证明力或者提出证明该基础事实不存在的证据，使法官就该基础事实的存在产生怀疑，而无从依据法律进行推定。亦即对据以推定的前提事实提出必要反证，以否定前提事实的方法驳斥该推定的适用；②间接反驳，又称本证阻却法，对与前提事实相反的事实或与被推定的权利状态互不相容的权利状态的存在，提供必要证据，以否定推定事实或权利推定的存在。换句话说，是通过对与前提事实相反的事实提供必要证据，以该相反事实获得证明的事实，否定推定事实。在法官面前，存在推定事实与已经获得证明的相反事实同时存在，基于证明事实优于推定事实的原则，即能达到以证明事实否定推定事实的效果。

间接反证理论最早由德国学者罗森贝克所推出，适用于德日民事诉讼活动中。间接反证通过证明其他间接事实的存在，妨碍主要事实（要件事实）的推认过程，而让法官不能认定要

件事实的存在，或至少产生怀疑。〔1〕罗森贝克认为，间接反证事实必须证明，间接反证事实对于对方当事人而言是本证，也就是说要求法官对间接反证事实的存在须抱以确信的程度。日本学者仓田卓次也赞同这一观点，认为成为间接反证对象之特别情事（即间接反证事实），必须经证明才能推翻暂时之推定，在此意义上，该事实具有类似法规之但书规定之性格。因此，间接反证所要求之证明度，并非单纯反证之证明度，而是要求与本证相同之证明度。〔2〕但也有不同意见者，如高桥宏志、石田穰等学者就认为，由对方当事人对间接反证事实承担证明责任并不符合常理〔3〕，我国台湾学者雷万来也否认对方当事人应当对间接反证事实承担本证的证明度。〔4〕笔者赞同罗森贝克等人的观点，反对推定的一方对间接反证事实应承担本证责任，即反证的说服责任。因为三段论法之小前提通常是必须确定的，在间接反证之情形下，适用经验法则之三段论之小前提（间接反证事实），与法的命题之三段论法之小前提（主要事实）应作相同处理。〔5〕

除对基础事实进行反驳，立法推定归于无效还可基于如下情况：①法院职权否定法。人民法院依职权撤销已做出的推定宣告，该推定即失其推定效果。如法院依职权撤销宣告失踪的推定（裁定）；②当事人行使撤销权而阻却。基于非诉讼事件所为的权利推定，据以推定的前提事实因一定主体对其行为事实予以撤销或变更，从而否定权利推定效果的存在。当事人基于

〔1〕林望民等：“间接反证”，载《法学丛刊》2002年第187期。

〔2〕林望民等：“间接反证”，载《法学丛刊》2002年第187期。

〔3〕［日］高桥宏志：《民事诉讼法制度与理论的深层分析》，林剑锋译，法律出版社2003年版，第450页。

〔4〕林望民等：“间接反证”，载《法学丛刊》2002年第187期。

〔5〕林望民等：“间接反证”，载《法学丛刊》2002年第187期。

非诉讼事件所为的权利推定，据以推定的前提事实因一定主体对其行为事实予以撤销或变更，从而否定权利推定效果的存在。如基于土地登记而推定为权利人，在有关真正的权利人申请有关部门撤销登记后，该推定的法律效果即被排除；③否证推定事实。在立法推定中，由于反对立法推定的一方当事人对推定事实的不存在承担说服责任（本证），因此对立法推定中的推定事实仅仅使其处于真伪不明的状态尚属不足，必须使法官确信推定事实不存在，方谓反驳成功。

（2）对司法推定的救济。①反驳前提事实。对司法推定的救济也可从否证前提事实（即基础事实）入手，其具体反驳方法同于对法律推定基础事实的反驳；②反驳推定事实。当主张推定的一方当事人举证证明了基础事实后，推定之不利方当事人如果无法推翻基础事实，可以通过举证证明推定事实不存在而推翻推定。由于基础事实与推定事实之间的联系并不是必然的，仅是一种高度盖然性的相关，因此极有可能存在由基础事实而无推定事实的例外情形。由于司法推定与法律推定的功能不同，当事人对司法推定中的推定事实只要承担提供证据的责任，使其处于真伪不明的状态，反驳即为成功，亦即当事人无须承担说服责任；③质疑推定依据。推定的依据在立法推定中是立法者立法时所考虑的社会理念、价值需求及政策需要等因素，这样的依据往往为实现某种法律功能而具有了强制适用的特性，具有“非理性”色彩，因此也不允许反驳。所以质疑推定依据主要是针对司法推定的依据而言的，即推定之不利益方可对法官据以作出推定的经验法则进行反驳。

虽然经验法则反映的是事物之间的因果关系和性质状态，是为社会人所普遍接受的社会生活经验，其客观恰当性通常较强。但是，经验法则毕竟是对过去经验不完全归纳的产物，其自身的正确性并非绝对。英国哲学家大卫·休谟对归纳法曾深刻地指出，归纳不能得出必然结论，因为当我们从个别推导出一般时，我们实际上作了两个大的跳跃：从观察到的事例跳到未观察到的事例，从过去、现在跳到了未来，而这两个跳跃都没有逻辑上的保证，因为适用于有限的不一定适用于无限，并且将来可能与过去和现在完全不同，归纳法本身的正确性只能归纳地证明，而这是逻辑循环。〔1〕数学家华罗庚在《数学归纳法》一书中，也对于简单枚举归纳推理的盖然性作了非常通俗的说明。从一个袋子里摸出来的第一个是红玻璃球，第二个是红玻璃球，甚至第三、第四、第五个都是红玻璃球的时候，我们立刻会出现一种猜想："是不是这个袋子里的东西都是红玻璃球？"但是，当我们有一次摸出一个白玻璃球的时候，这个猜想失败了。这时，我们会出现另一种猜想："是不是袋子里的东西都是玻璃球？"但是，当有一次摸出来的是一个木球的时候，这个猜想又失败了。那时，我们又会出现第三个猜想："是不是袋子里的东西都是球？"这个猜想对不对，还必须加以检验，要把袋子里的东西全摸出来，才能见个分晓。〔2〕

另外，在司法推定的适用中，经验法则的选择确定系出于法官个人的主观判断，能否正确选择不仅取决于法官个人是否具有丰富的生活经验，而且也取决于其是否具备相应的科学知识及学识背景，因此法官根据自己选择的经验法则而判断出的基础事实与推定事实之间存在的概然性程度也会存在高低差异，为保障当事人的利益，尽可能保证审判的正当性、合理性、公

---

〔1〕 陈波："论证是哲学活动的本性"，载赵汀阳主编：《论证》，辽海出版社1999年版，第76页。

〔2〕 中国人民大学哲学系逻辑教研室编：《逻辑学》，中国人民大学出版社1996年版，第250~251页。

平性、正确性，必须允许推定之不利方当事人享有反驳法官据以推定的依据——经验法则的权利。

需要指出的是，由于推定的适用赋予了主张推定的一方当事人锐利的攻击武器，反对推定的一方当事人要对推定事实不存在承担证明责任。为保持当事人之间的攻防平衡，尽可能地发现推定事实的真实性并促进诉讼，反对推定的一方当事人在对推定事实进行反驳时，可以向法院申请就推定事实讯问对方当事人，因此我国民事诉讼法应借鉴德国民事诉讼法建立当事人讯问制度并加以适当改造。〔1〕在当事人讯问制度中，可以考虑制定如下规定：对方当事人如果无正当理由拒绝讯问或不作陈述，法院可以斟酌情形，判断待证事实的真伪；在讯问中可以要求被讯问的当事人作类似宣誓的保证，在作保证后仍作虚假陈述的，可以处以一定金额的罚款；等等。

最后需要补充一点，推定的推翻与对基础事实的证明所进行的攻击属于不同的范畴，不能将二者混为一谈。〔2〕对基础事实的成功攻击，虽然同样导致推定没有产生相应的效力，但它表明的是根本没有推定存在，而不是推定已被推翻。通过驳斥据以建立的基础事实而使推定无从提起的责任与推翻推定的责任（该责任随着相关推定的性质不同而有所不同）并不相同。推定的有利方始终承担证明存在足以提起推定的基础事实的说

---

〔1〕《德国民事诉讼法》第445条规定了，一方当事人，对于应该由他证明的事项，不能通过其他的证据方法得到完全证明，或者未提出其他证据方法时，可以申请就应证明的事实讯问对方当事人。当事人讯问制度属于证据方法之一，具有真实发现与促进诉讼之功能。德国的当事人讯问制度包括依申请而为的当事人讯问、合意的当事人讯问以及依职权而为的当事人讯问，相对于合意的当事人讯问制度而言，依申请而为的当事人讯问制度以及依职权而为的当事人讯问制度具有补充性。

〔2〕劳东燕："推定研究中的认识误区"，载《法律科学（西北政法学院学报）》2007年第5期。

服责任，这种责任不容减轻，更不容转移至推定的不利方身上。倘若将这两种责任相混，推定的不利方很可能会在基础事实本身是否存在的问题上，被要求承担提出证据的责任或说服责任。

二、推定的适用

（一）推定适用的相关问题及规则

1. 推定的启动及适用主体

在民事、行政诉讼中提出推定启动申请是当事人的一项权利，当事人可以选择证明待证事实从而放弃推定的申请启动权，也可以仅对基础事实予以证明并申请法官适用推定。在刑事诉讼中，除公诉方外，被告方及自诉案件的当事人也享有这项权利。但是，无论是何种性质的诉讼，也无论是立法推定还是司法推定，当事人提出启动申请都不能作为法官适用推定的必要条件，当然也不是充分条件。法官根据当事人举证证明的基础事实和其所主张的待证事实，以及二者之间的相关关系，在考察案情适用推定的条件后，可以决定是否适用推定。

法律推定是立法者在制定法律时就有关事实的认定为法官设置的适用规范，即当基础事实获证时，强制法官作出推定事实存在的认定。法律推定的基本特征是，它产生于审判活动之前，适用于任何不特定的事项，具有明确性，应该为当事人双方所知晓，如果当事人选择对推定事实进行证明，法官也不能不许。但法官应当予以释明，告知当事人可以仅对基础事实进行证明。司法推定是法官根据一定的经验法则，在基础事实得到证实时基于自由心证而认定推定事实的存在，它是法官审判职务上的主观判断和认定，法官在事实推定过程中享有较大的自由裁量权。司法推定的适用可能并不当然为当事人所知晓，法官认为满足条件时可以径行适用，但要履行一定告知程序

（尤其是对推定之不利益方）。笔者认为，由于推定是法官认定事实的一种特殊方式，不属于当事人举证的范畴，因此原则上并不一定要求将当事人的启动申请作为法官适用推定的前提条件，即当事人对于司法推定的启动申请权及其性质类同立法推定。但是也有学者认为，由于在多数情况下，推定的基础事实首先需要当事人举证加以证明，法官既不能主动为基础事实寻找证据，也不能从待证事实去反推推定所需的前提事实，除非基础事实是不证自明的事实。因此，当事人主张推定必须要举证证明基础事实或前提事实。一般而言，当事人也是在发现基础事实的同时方考虑主张推定的，故司法推定通常应由当事人申请启动，即使在法官发现基础事实的情况下也不能主动适用推定。因为在实体与程序的优先选择中，推定的价值考虑应更倾向于后者。即只有由当事人主张推定，才能判断当事人对待证事实是否具有相应的举证能力，由当事人承担充分举证或主张推定所带来的风险，法官才能在推定的适用上充分考虑推定的价值取舍。笔者认为，该观点从表面上看似不无道理，但是，它忽略了一个重要的问题——推定的适用是法官认定案情的职权行为，具体的个案该不该、能不能适用推定完全取决于法官，当事人的启动申请权仅仅是形式意义上的，并不能左右推定的实际运用。

无论由谁启动推定程序，无论案件为何类诉讼、适用何种推定，推定的适用主体只能是事实裁判者——法官，除此之外，对于关涉当事人实体权利的事实，任何组织、团体、个人以任何理由作出的任何“推定”都不能具有法律效力。然而在实践中，这个明显得不能再明显的道理却常常被忽略，尤其是在当事人已死亡，不能张口反驳，即“死无对证”的情况下，似乎谁都可以成为“推定”的适用主体。更为可怕的是，由于公众

对此司空见惯，而表现得无动于衷。

2007 年 10 月 2 日 17 时，重庆冠忠公司万盛分公司的一辆牌照为渝 B274××的宇通牌大客车从万盛开往重庆，车上载客 38 人（包括司机、未超载）。当车行驶 15 分钟左右，到綦万高速公路綦江境内的三角段时，客车前排突然起火燃烧，火势凶猛，司机将车靠公路右边停下，11 人逃生，27 人遇难。事故客车司机陈军提供情况表明，火源来自司机后一排。该排乘客是冠忠公司万盛分公司原业务副经理肖永华（50 岁）、张晓亚（38 岁）夫妇，两人提了几个大包上车，未经车站安全检查。火源起于两人的大包。据冠忠公司报告，肖永华于当年 9 月 20 日被公司停职检查。有人反映肖永华不满处分。肖永华、张晓亚夫妇均在这起事故中死亡。重庆市公安局副局长次日下午介绍说，“10·2”经公安机关连夜调查和勘验，排除了车辆本身故障及爆炸物引发爆炸等原因，公安技术人员从车内第一排左侧下部提取燃烧残留物，检测确定助燃物为汽油。另外，公安机关所获证据表明，肖永华有过多次婚姻变故，家庭成员关系紧张，并对自己被单位停职不满，遂生恶意。至此，对本次恶性事故调查得出的结论是：肖永华故意纵火，实施了严重危害公共安全的犯罪行为。[1]

〔1〕 案例来源于大连《半岛晨报》2007 年 10 月 3 日 A02 版及 2007 年 10 月 4 日 A02 版。

这个案例让笔者联想到了 2002 年大连“5·7”空难[1]，二者从案情到结论同出一辙。无论是“10·2”案对肖永华还是“5·7”案对张丕林，均是对有罪推定的“最好诠释”。这其中暴露出司法实践中的许多问题，笔者认为不能不将其摆上桌面重点提及。

对二案结论最为明显的质疑当是其证据的真实性以及证据与结论因果相关的可靠性。比如，“从车内第一排左侧下部提取到燃烧残留物，检测确定助燃物为汽油”何以能成为“汽油”出自肖永华“大包”的证据？“有过多次婚姻变故，家庭成员关系紧张，并对自己被单位停职不满”与“遂生恶意”“故意纵火”之间的联系是否有高度盖然性？这些明显牵强的“生活经验”我们姑且不究，二案显露出的法理问题才是最为致命的。首先，调查结论的性质如何界定？如果说它们是“推定事实”，它们的适用主体并不适格，“10·2”案的结论是由公安机关做出的，“5·7”空难的结论是由国务院空难调查小组作出的，二者都不是由人民法院作出；如果说是行政性意见，由于它们不是典型的抽象行政行为，因此很难成为行政诉讼的对象；如果说它们均带有事实上的惩罚性（肖永华之遗产继承人当需承担赔偿责任，而张丕林已被拒绝保险理赔），因其并非以任何处罚

---

〔1〕 2002 年 5 月 7 日，北方航空公司一架从北京飞往大连的麦道 82 飞机在大连海域失事，机上乘客和机组人员全部遇难。这次空难使北航乃至全国航空业陷入信任危机，因为此前不久的韩国空难刚刚使中国国际航空公司结束了半个世纪的安全飞行记录，大连空难更是雪上加霜。因此，“5·7”空难的原因令人关注。时隔半年左右，全国各大媒体对调查结果作了简短报道，也就是国务院“5·7”空难联合调查小组的调查结论。结论称，飞机失事是由一名叫张丕林的乘客纵火造成的。对于这个结论，人们早有心理准备，因为有关部门很早以前就曾透露，张丕林登机前买了 7 份保险，人们已经预见会有这样一个结论。保险公司随即宣布，根据空难调查小组的结论，决定对张的保险不予理赔。本案案情介绍来源于邓子滨：《刑事法中的推定》，中国人民公安大学出版社 2003 年版，第 51 页。

方式作出，没有可申诉的对象；如果说它们是司法鉴定意见，它们又都不是法定的鉴定机关按照法定程序作出的；等等。其次，这样的调查结论在形成程序上存在明显瑕疵。按照无罪推定原则，任何人未经合法审判，都不能被认定有罪。张丕林调查小组虽未作“有罪”认定，但其结论已明显地昭示人们：张丕林即为空难的故意制造者，事实上张丕林的名誉利益（一个已亡的纵火犯）和财产利益（保险公司拒绝理赔）的贬损不已实现了对“罪”的惩罚吗？而肖永华案的结论则更加直白，公安机关越俎代庖，干脆认定“肖永华故意纵火，实施了严重危害公共安全的犯罪行为”。

“罪”与“非罪”的认定，连同“推定”这种特殊的事实认定的方法，都是法官的特权。当然，司法实践中，公安、检察机关也会对案件情态有所想法，做出某些认定，否则诉讼也不会实现，但是需要留意的是，它们的这种认定只能是一种“猜测”和“怀疑”，是未被确定的可能性“推断”，因此不是事实认定，其结论当然也不能成为后续“惩罚”的依据。

实践中出问题的多是如上述二例中当事人已亡的情形，由于追诉对象的消灭，许多应有的诉讼程序便被略去了，可人类的思维定式要求事情一定要有个结果，有个说法，因此便产生了这些非适格主体不伦不类的结论。目前看来，我们还不可能像法国等为数不多的国家那样，对于当事人已经死亡的案件，也要经过法院审判程序来确定罪责之有无，但我们至少要保证用语的规范，对一种可能性认识，决不能当成司法推定的结果来处理。

2. 推定的申请期限问题及适用推定的告知程序

有学者认为，尽管推定不是一种证据，而是认定事实的特殊方法，但由于当事人对基础事实的证明，仍然要涉及证据的提供问题，因此当事人主动申请适用推定的，申请适用推定应作为当事人的诉讼主张对待，其申请适用推定的期限应规定在举证期限内。同时，申请人在证据交换时要提交证明基础事实的证据以及基础事实与推定事实之间的高度盖然性关系的说明，这样对方当事人才能有的放矢地进行反驳，以维护当事人之间的攻防平衡。如果当事人无正当理由没有在举证期限内提交证明基础事实的证据和基础事实与推定事实之间的高度盖然性关系的说明，就视为放弃对推定的利用。对此观点，笔者并不赞同。第一，笔者认为，由于当事人的推定启动申请权不具有实质意义，因此根本没有必要再规定一个申请期限。第二，推定适用与否的决定权在于法官，作为一项业绩考核标准，对于应该适用推定的情形，法官自不会怠慢，对当事人作“视为放弃对推定的利用”的规定显然多余。第三，为使“对方当事人有的放矢地进行反驳，以维护当事人之间的攻防平衡”而要求主张推定的当事人提交证明基础事实的证据以及基础事实与推定事实之间的高度盖然性关系的说明，即进行证据展示，应该说很在理，但是，只有主张者的申请被法官采纳，一切方才有意义，否则这一程序亦属形同虚设。

法官在适用推定特别是适用司法推定时，有义务将此意向明确告知推定适用之不利方当事人，并将推定适用的前提事实及其证明情况、前提事实与推定事实之间的高度盖然性关系，提示给他（们），告知其可以就基础事实、推定事实以及进行司法推定所适用的经验法则进行反驳，并给予其合理的反驳期限。具体来讲，如果当事人提出了启动申请，推定适用的告知程序可分为两个阶段。第一阶段为将主张推定的申请送达相对方，以给予相对方阻止推定初始效力发生的质疑和反驳的机会。这一程序应规定在举证期限后证据交换之前。第二个阶段为将法

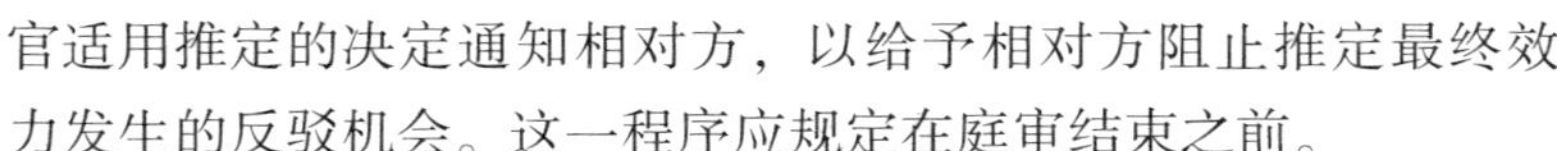

官适用推定的决定通知相对方，以给予相对方阻止推定最终效力发生的反驳机会。这一程序应规定在庭审结束之前。

3. 无关因素不能成为司法推定的依据

该条亦可称为“确立裁判者排除干扰原则”。如前所述，立法推定也好，司法推定也罢，可以成为推定依据的职能是价值理念或者经验法则，除此之外的任何因素都不能成为推定的依据。但理想是好的，法官的推定实践并非总能如此。拿我们在前面提到的大连“5·7”空难和重庆“10·2”事件来讲，调查结论绝对有照顾政治影响、安抚公众情绪的因素，更不排除为了保护某些利益如航空公司、车站安检部门的声誉，而不惜牺牲一个死人利益的做法，尽管那两起事件的结论并不是法官作出的（前文已述），但道理是相通的。法官在进行推定时，尤其是适用心证基础上的司法推定，除逻辑与经验法则，必须排除来自外界的一切干扰，为证据说话，为经验事理说话，只有这样才能保证推定适用的正确有效性，才能保证裁判结论的大众公信力。

4. 推定在刑事领域的保守适用原则

由于推定所依据的经验法则描述的是事物之间的常态联系，因此推定的结果只能获得一种或然性事实，而且推定结论的或然性程度是无法量化的，其准确性只能保证在一定的幅度中，对于民事、行政诉讼而言，只要在该幅度内的推定及其结论，都是被允许的。但由于刑事诉讼涉及犯罪嫌疑人、被告人的特殊重大利益，其证明标准要求也较民事、行政为高，因此在刑事领域适用推定必须采取保守态度，限定在允许幅度的最低水平，同时，对推定结论的选择也要慎重起见。[1]具体而言，表

---

〔1〕 邓子滨：《刑事法中的推定》，中国人民公安大学出版社 2003 年版，第118 页。

现在如下几个方面：第一，刑法因果关系的必然性，要求刑事推定只能用来推定事实、确定责任，除“巨额财产来源不明罪”等个别的立法推定外，不能直接用来推定有罪；第二，推定结论要与其他证据相互印证，推定结论本身不能作为定案的主要依据；第三，严格筛选基础事实，尽量使推定的基础牢靠；第四，运用经验法则时，尽量做到归纳的周延性，对于例外情况不仅不能回避，而且要尽量发现，力争穷尽；第五，要承认推定依据的事物间的相关性一般是难于实证的，因此对其的依赖应尽量做到最保守；第六，由于推定的结论毕竟有别于证明的结论，不可能做到唯一、排他，故而在利用推定结论定罪量刑时要留有余地。

5. 任何推定均可被质疑与反驳

推定的本质决定了推定都是可以反驳的，即使是立法推定甚或是有学者所称的强制性推定也是如此，不可反驳的不是推定，只能是法律拟制或法律规定（当然，对于立法推定，法律只允许推定之不利益方反驳基础事实。而对于司法推定，则无论基础事实、推定事实抑或是推定依据，均可成为被反驳的对象）。推定虽然可以成为法官依经验法则和逻辑规则以及法律规定进行判断的方法，但还是具有相当的不确定性和任意性，因而基于推定而认定的案件不会是百分之百的可靠，所以，为了把推定可能造成的不利后果降低到最小程度，以实现社会与个人价值、利益的最大协调和平衡，也为了让司法者在实践中体会到推定要达到何种程度才是适当的和让人可接受的，从而对推定的适用与操作更加谨慎、更加优化，法律必须允许推定之不利益方对推定予以质疑和反驳。阻止推定初始效力发生的方法和步骤可以分为两个方面或者阶段，即质疑程序和反驳程序。质疑程序中，不利益方主要针对主张推定一方对推定主张的依

据是否符合法定要求提出相反质证意见或者法律适用的观点，而反驳阶段则是由不利益方提出反证对主张推定一方的证据直接加以攻击。从证明行为的分担角度讲，推定在某种程度上将证明行为倒置给相对方，正是希望他对推定进行反驳，被告承担举证责任的过程，就是对推定进行反驳的过程。

6. 单级推定原则

通过推定得到的结论不能作为再次推定的基础事实。由于推定是以事物的一般规律为基础进行的，本身只具有盖然性，它的适用是以牺牲个别特殊情形为代价的。多级推定极易导致结论的放大失真。对于多级推定而言，假设初始基础事实 a 与推定事实 b 之间的盖然率为 80%，若再由 b 推定 c，其间盖然率也为 80%，那么经过二次推定，由初始基础事实 a 为起点推定 c 存在之盖然率即成为 0.8×0.8=0.64。可见，主要事实存在之盖然率，在证据连锁之前提下，与其长度成反比例。〔1〕推定的级数越多，偏差就会越大，距离案件事实真相也就越远。因此应遵循事实推定原则，一个基础事实可以作为不同推定的基础，但二次以上推定的基础事实总体上不能被认为是真实可靠的，故推定应以一次为限，不能进行多级推定。

7. 推定之心证公开原则

当事人对适用推定的知情权是诉讼公平的保障。司法推定是一种自由裁量权较大的审判行为，它以法官的内心思维活动为原动力，本身并无具体的、可见的标准尺度，需凭借法官良心、理性，从公正的角度基于事物之间的常态联系和一定的逻辑法则去衡量。因此，推定的过程即是法官进行自由心证的过程，这一过程如果不予公开，当事人便无法察知和了解法官的

〔1〕 雷万来：《民事证据法论》，瑞兴图书股份有限公司 1997 年版，第 104 页。

心理活动，不能对推定的适用进行充分的质疑和反驳。我们说，“正义要以看得见的方式实现”，法官适用了司法推定，就要将推定适用的依据和理由展示给当事人，展示给社会大众，以此来接受监督，获取人们对司法判决的信任。推定心证公开的最有效方式就是制作清晰、完备、论理详尽的判决书，在判决书中阐明推定的适用依据及适用理由，告知推定的效力，增加审判的透明度，进而有效地预防法官恣意擅断和突袭裁判的发生。对于立法推定的适用，当事人无需对法官的考量方法予以了解，但是，现代意义上的自由心证应该是公开的心证，因此当事人仍然有权被告知何时被适用了何推定、推定的基础事实及法官适用的具体推定法律规范，掌握适用推定认定案件事实的有关信息，以保证当事人寻求推定救济方法等诉讼权益的实现。

8. 推定判例制度的建立

社会生活的发展变化与司法实践的不断更新，往往会与法律制度的稳定及相对滞后性形成冲突。对于依据经验哲学、突显“重视法律实施，重视法官作用”司法理念的推定技术而言，单纯依靠统一的成文法规，不能满足其复杂多变的具体需要，而判例及判例精神恰好体现了推定“在遇到具体案情时，法官可根据具体情况和法律条款的实质，作出具体的解释和判定”的基本思想。同时，由于司法推定较立法推定在运用范围上更为广泛，在运用概率上更为频繁，为防止裁判者对推定的滥用，保证司法的统一和权威，可以考虑通过形成判例来对司法推定之适用予以规制。

（二）我国民事、刑事、行政立法、司法解释中的推定规范举隅

推定的语词含义就是根据推断来进行判定。它不是对事实的直接认定，而是以推测性判断为桥梁的间接认定。在法律上，

推定是一个专门术语。它是指根据事物之间的“常态联系”，当一个事实存在的时候便可以认定另外一个事实的存在。与推定相关且二者很容易发生混淆的法律术语是拟制，拟制是指法律在特定情况下把某种事实视为另一种事实并发生相同的法律效果的情形。拟制与推定都具有假定的性质，但二者仍有区别。拟制的含义是明知为A，视其为B。推定则是不知其是否为B，推定为B。虽然法律规定中可能都使用“视为”的字眼，但是可以根据具体含义加以区别。

司法证明中的推定是指由法律规定或者由法官做出的带有假定性质的事实判断。推定必须以一定的事实为基础，然后根据客观事物之间联系的规律推导出另一事实的存在。在此，前一个事实被称为“基础事实”或“前提事实”，后一个事实被称为“推定事实”或“结果事实”，二者不可混淆。

根据推定是否由法律明确规定，可以把推定分为立法推定（由法律明确规定，有条文表现形式）和司法推定（事实认定者心证而为，无条文表现）。前者是指由法律明确规定的推定，又叫作法律上的推定或法律推定。后者是指由法官在诉讼活动中依据一定规则进行的推定，又称为裁判上的推定或事实推定。当然，立法推定和司法推定都是关于事实的推定。

立法推定和司法推定的形式一般都表现为：只要有事实A存在，就可以推定事实B存在。但是，二者的性质和效力有所不同。实际上，这也反映了立法与司法之间的关系。就法律规范而言，立法具有较强的固定性，司法具有较大的灵活性。因此，立法推定属于固定性推定，具有严格的强制效力；司法推定则属于灵活性推定，效力也比较宽松。

由于推定是以基础事实与推定事实之间的常态联系或伴生关系为依据的，所以在基础事实与推定事实之间的伴生关系比较稳定或比较确定的情况下，往往会形成立法推定。而在基础事实与推定事实之间的伴生关系不太稳定或不太确定的情况下，大多依靠司法推定。此外，司法推定的依据是经验与逻辑，立法推定也依据经验与逻辑，但更多体现为政策倾向、价值理念、法律精神等。为了追求或实现法律的某种价值目标，立法者认为有必要用稳定的法律形式确定两种事实之间的联系。对于立法推定，可反驳的只能是前提事实，而对于司法推定的反驳则既可以是前提事实，也可以是推定事实，还可以是该推定的依据。

立法推定与司法推定的这种区别要求立法者在决定是否采用法律形式使某种推定定型化的时候，必须考虑两个方面的因素：其一是该种推定的基础事实与推定事实之间的关系，是否在一般情况下有 A 必然有 B；其二是该种推定所服务的价值目标，如司法公正与司法效率、实体公正与程序公正、保护人权与打击犯罪等。在不同的诉讼活动中，价值的要求和取向有所不同，因而对推定之要求的严格程度也有所不同。民事诉讼强调当事人的作用，而且证明的要求相对比较宽松，所以立法推定多存在于民事法律之中。刑事诉讼中的证明要求比较严格，所以立法推定比较少。至于司法推定，由于其比较灵活，所以比较广泛地适用于民事和刑事诉讼之中。

按照推定的内容，还可将对事实的推定分为实体事实的推定和程序事实的推定。凡能够引起实体法律关系发生、变更和消灭，产生实体上的权利和义务以及实体性法律责任的事实的推定，就是实体事实的推定；凡能够引起程序法律关系发生、变更和消灭，产生程序上的权利和义务的事实的推定即是程序事实的推定。

需要说明的是，由于我国不实行判例制度，裁判者依经验法则适用的司法推定因案而异，不便于归纳总结，所以此处主要对立法推定规范以及司法解释中的推定规范[1]予以列举，其中属于“允许司法裁量推定”的，也只是说明该情形由法律规定，允许裁判者依经验与逻辑推定而已，并非真正意义上的“司法推定”。

1. 主要民事法律法规及相关司法解释中的推定规范

(1) 主要民事法律法规中的推定规范（立法推定）。

① 关于实体性法律事实的推定规范：

- 《中华人民共和国民法总则》第40条[2]：自然人下落不明满二年的，利害关系人可以向人民法院申请宣告该自然人为失踪人。

- 《中华人民共和国民法总则》第41条：自然人下落不明的时间从其失去音讯之日起计算。战争期间下落不明的，下落不明的时间自战争结束之日或者有关机关确定的下落不明之日起计算。

- 《中华人民共和国民法总则》第46条：自然人有下列情形之一的，利害关系人可以向人民法院申请宣告该自然人死亡：

(一) 下落不明满四年；

(二) 因意外事件，下落不明满二年。

因意外事件下落不明，经有关机关证明该自然人不可能生存的，申请宣告死亡不受二年时间的限制。

- 《中华人民共和国民法总则》第48条：被宣告死亡的

[1] 笔者认为，从理论上讲，司法解释中的推定属于立法推定，但是为了便于推定制度在实践中的推广，此处有意将司法解释中的推定规范作为司法推定来看待。

[2] 民法总则中的宣告失踪与宣告死亡制度实际上即为推定失踪与推定死亡制度。

人，人民法院宣告死亡的判决作出之日视为其死亡的日期；因意外事件下落不明宣告死亡的，意外事件发生之日视为其死亡的日期。

● 《中华人民共和国民法总则》第 140 条第 2 款：

沉默只有在有法律规定、当事人约定或者符合当事人之间的交易习惯时，才可以视为意思表示。[1]

● 《中华人民共和国民法总则》第 159 条：附条件的民事法律行为，当事人为自己的利益不正当地阻止条件成就的，视为条件已成就；不正当地促成条件成就的，视为条件不成就。

● 《中华人民共和国民法总则》第 171 条第 2 款：

……被代理人未作表示的，视为拒绝追认。

● 《中华人民共和国侵权责任法》第 78 条：

饲养的动物造成他人损害的，动物饲养人或者管理人应当承担侵权责任，但能够证明损害是因被侵权人故意或者重大过失造成的，可以不承担或者减轻责任。

● 《中华人民共和国侵权责任法》第 85 条：

建筑物、构筑物或者其他设施及其搁置物、悬挂物发生脱落、坠落造成他人损害，所有人、管理人或者使用人不能证明自己没有过错的，应当承担侵权责任……

(上述二条可视为对行为人主观过错的推定规范)

● 《中华人民共和国物权法》第 103 条：共有人对共有的不动产或者动产没有约定为按份共有或者共同共有，或者约定不明确的，除共有人具有家庭关系等外，视为按份共有。

● 《中华人民共和国物权法》第 104 条：按份共有人对共有的不动产或者动产享有的份额，没有约定或者约定不明确的，

---

〔1〕 本条为附条件推定。

按照出资额确定；不能确定出资额的，视为等额享有。

● 《中华人民共和国继承法》第 25 条：继承开始后，继承人放弃继承的，应当在遗产处理前，作出放弃继承的表示。没有表示的，视为接受继承。

受遗赠人应当在知道受遗赠后两个月内，作出接受或者放弃受遗赠的表示。到期没有表示的，视为放弃受遗赠。

● 《中华人民共和国担保法》第 19 条：当事人对保证方式没有约定或者约定不明确的，按照连带责任保证承担保证责任。

● 《中华人民共和国担保法》第 21 条第 2 款：当事人对保证担保的范围没有约定或者约定不明确的，保证人应当对全部债务承担责任。

● 《中华人民共和国合同法》第 47 条第 2 款：相对人可以催告法定代理人在一个月内予以追认。法定代理人未作表示的，视为拒绝追认。合同被追认之前，善意相对人有撤销的权利。撤销应当以通知的方式作出。

● 《中华人民共和国合同法》第 48 条第 2 款：相对人可以催告被代理人在一个月内予以追认。被代理人未作表示的，视为拒绝追认。合同被追认之前，善意相对人有撤销的权利。撤销应当以通知的方式作出。

● 《中华人民共和国合同法》第 78 条：当事人对合同变更的内容约定不明确的，推定为未变更。

● 《中华人民共和国合同法》第 158 条：当事人约定检验期间的，买受人应当在检验期间内将标的物的数量或者质量不符合约定的情形通知出卖人。买受人怠于通知的，视为标的物的数量或者质量符合约定。

当事人没有约定检验期间的，买受人应当在发现或者应当发现标的物的数量或者质量不符合约定的合理期间内通知出卖人。买受人在合理期间内未通知或者自标的物收到之日起两年内未通知出卖人的，视为标的物的数量或者质量符合约定，但对标的物有质量保证期的，适用质量保证期，不适用该两年的规定。

- 《中华人民共和国合同法》第 171 条：试用买卖的买受人在试用期内可以购买标的物，也可以拒绝购买。试用期间届满，买受人对是否购买标的物未作表示的，视为购买。

- 《中华人民共和国合同法》第 211 条：自然人之间的借款合同对支付利息没有约定或者约定不明确的，视为不支付利息。自然人之间的借款合同约定支付利息的，借款的利率不得违反国家有关限制借款利率的规定。

- 《中华人民共和国合同法》第 215 条：租赁期限六个月以上的，应当采用书面形式。当事人未采用书面形式的，视为不定期租赁。

- 《中华人民共和国合同法》第 232 条：当事人对租赁期限没有约定或者约定不明确，依照本法第六十一条[1]的规定仍不能确定的，视为不定期租赁。当事人可以随时解除合同，但出租人解除合同应当在合理期限之前通知承租人。

- 《中华人民共和国合同法》第 250 条：出租人和承租人可以约定租赁期间届满租赁物的归属。对租赁物的归属没有约定或者约定不明确，依照本法第六十一条的规定仍不能确定的，租赁物的所有权归出租人。

- 《中华人民共和国合同法》第 310 条：收货人提货时应当按照约定的期限检验货物。对检验货物的期限没有约定或者

〔1〕《中华人民共和国合同法》第 61 条："合同生效后，当事人就质量、价款或者报酬、履行地点等内容没有约定或者约定不明确的，可以协议补充；不能达成补充协议的，按照合同有关条款或者交易习惯确定。"

约定不明确，依照本法第六十一条的规定仍不能确定的，应当在合理期限内检验货物。收货人在约定的期限或者合理期限内对货物的数量、毁损等未提出异议的，视为承运人已经按照运输单证的记载交付的初步证据。

- 《中华人民共和国合同法》第 366 条第 2 款：当事人对保管费没有约定或者约定不明确，依照本法第六十一条的规定仍不能确定的，保管是无偿的。

- 《中华人民共和国合同法》第 418 条第 2 款：行纪人高于委托人指定的价格卖出或者低于委托人指定的价格买入的，可以按照约定增加报酬。没有约定或者约定不明确，依照本法第六十一条的规定仍不能确定的，该利益属于委托人。

- 《中华人民共和国著作权法》第 11 条第 4 款：如无相反证明，在作品上署名的公民、法人或者其他组织为作者。

- 《中华人民共和国著作权法》第 17 条：受委托创作的作品，著作权的归属由委托人和受托人通过合同约定。合同未作明确约定或者没有订立合同的，著作权属于受托人。

- 《中华人民共和国专利法》第 35 条第 1 款：发明专利申请自申请日起三年内，国务院专利行政部门可以根据申请人随时提出的请求，对其申请进行实质审查；申请人无正当理由逾期不请求实质审查的，该申请即被视为撤回。

- 《中华人民共和国专利法》第 36 条第 2 款：发明专利已经在外国提出过申请的，国务院专利行政部门可以要求申请人在指定期限内提交该国为审查其申请进行检索的资料或者审查结果的资料；无正当理由逾期不提交的，该申请即被视为撤回。

- 《中华人民共和国专利法》第 37 条：国务院专利行政部门对发明专利申请进行实质审查后，认为不符合本法规定的，应当通知申请人，要求其在指定的期限内陈述意见，或者对其申请进行修改；无正当理由逾期不答复的，该申请即被视为撤回。

② 关于程序性法律事实的推定规范：

- 《中华人民共和国民事诉讼法》第 92 条第 1 款：受送达人下落不明，或者用本节规定的其他方式无法送达的，公告送达。自发出公告之日起，经过六十日，即视为送达。
- 《中华人民共和国民事诉讼法》第 127 条第 2 款：当事人未提出管辖异议，并应诉答辩的，视为受诉人民法院有管辖权，但违反级别管辖和专属管辖规定的除外。
- 《中华人民共和国民事诉讼法》第 143 条：原告经传票传唤，无正当理由拒不到庭的，或者未经法庭许可中途退庭的，可以按撤诉处理；被告反诉的，可以缺席判决。
- 《中华人民共和国民事诉讼法》第 267 条：人民法院对在中华人民共和国领域内没有住所的当事人送达诉讼文书，可以采用下列方式：

……

（六）受送达人所在国的法律允许邮寄送达的，可以邮寄送达，自邮寄之日起满三个月，送达回证没有退回，但根据各种情况足以认定已经送达的，期间届满之日视为送达；

……

（八）不能用上述方式送达的，公告送达，自公告之日起满三个月，即视为送达。

（2）相关司法解释中的推定规范（司法推定）。

① 关于实体性法律事实的推定规范：

- 《最高人民法院关于审理人身损害赔偿案件适用法律若

干问题的解释》第16条：下列情形，适用民法通则第一百二十六条[1]的规定，由所有人或者管理人承担赔偿责任，但能够证明自己没有过错的除外：

（一）道路、桥梁、隧道等人工建造的构筑物因维护、管理瑕疵致人损害的；

（二）堆放物品滚落、滑落或者堆放物倒塌致人损害的；

（三）树木倾倒、折断或者果实坠落致人损害的。

前款第（一）项情形，因设计、施工缺陷造成损害的，由所有人、管理人与设计、施工者承担连带责任。

（该条可视为对行为人主观过错的推定规范）

● 《最高人民法院关于贯彻执行〈中华人民共和国民法通则〉若干问题的意见（试行）》[2]第108条第2款：保证范围不明确的，推定保证人对全部主债务承担保证责任。

● 《最高人民法院关于贯彻执行〈中华人民共和国民法通则〉若干问题的意见（试行）》第183条：当事人的住所不明或者不能确定的，以其经常居住地为住所。当事人有几个住所的，以与产生纠纷的民事关系有最密切联系的住所为住所。

● 《最高人民法院关于贯彻执行〈中华人民共和国民法通则〉若干问题的意见（试行）》第185条：当事人有二个以上营业所的，应以与产生纠纷的民事关系有最密切联系的营业所为准；当事人没有营业所的，以其住所或者经常居住地为准。

● 《最高人民法院关于适用〈中华人民共和国婚姻法〉若干问题的解释（一）》第15条：被宣告无效或被撤销的婚姻，当事人同居期间所得的财产，按共同共有处理。但有证据证明

---

[1] 该司法解释现行有效，但本部分民法通则的有关内容已被《中华人民共和国侵权责任法》相关条文所取代。

[2] 该司法解释部分废止，此处引用条文不在废止内（下同）。

为当事人一方所有的除外。

●《最高人民法院关于适用〈中华人民共和国婚姻法〉若干问题的解释（二）》第22条：当事人结婚前，父母为双方购置房屋出资的，该出资应当认定为对自己子女的个人赠与，但父母明确表示赠与双方的除外。

当事人结婚后，父母为双方购置房屋出资的，该出资应当认定为对夫妻双方的赠与，但父母明确表示赠与一方的除外。

●《最高人民法院关于贯彻执行民事政策法律若干问题的意见》（已失效）第12条：……婚前财产与婚后财产无法查清的，或虽属婚前个人财产，但已结婚多年，由双方长期共同使用、经营、管理的，均可视为夫妻共同财产……

●《最高人民法院关于适用〈中华人民共和国担保法〉若干问题的解释》第17条第2款：企业法人的分支机构经法人书面授权提供保证的，如果法人的书面授权范围不明，法人的分支机构应当对保证合同约定的全部债务承担保证责任。

●《最高人民法院关于适用〈中华人民共和国担保法〉若干问题的解释》第19条：两个以上保证人对同一债务同时或者分别提供保证时，各保证人与债权人没有约定保证份额的，应当认定为连带共同保证。

●《最高人民法院关于适用〈中华人民共和国担保法〉若干问题的解释》第20条第2款：连带共同保证的保证人承担保证责任后，向债务人不能追偿的部分，由各连带保证人按其内部约定的比例分担。没有约定的，平均分担。

●《最高人民法院关于适用〈中华人民共和国担保法〉若干问题的解释》第38条第3款：债权人在主合同履行期届满后怠于行使担保物权，致使担保物的价值减少或者毁损、灭失的，视为债权人放弃部分或者全部物的担保。保证人在债权人放弃

权利的范围内减轻或者免除保证责任。

- 《最高人民法院关于适用〈中华人民共和国担保法〉若干问题的解释》第54条第2款：共同共有人以其共有财产设定抵押，未经其他共有人的同意，抵押无效。但是，其他共有人知道或者应当知道而未提出异议的视为同意，抵押有效。

- 《最高人民法院关于适用〈中华人民共和国担保法〉若干问题的解释》第75条第2款：同一债权有两个以上抵押人的，当事人对其提供的抵押财产所担保的债权份额或者顺序没有约定或者约定不明的，抵押权人可以就其中任一或者各个财产行使抵押权。

- 《最高人民法院关于适用〈中华人民共和国担保法〉若干问题的解释》第119条：实际交付的定金数额多于或者少于约定数额，视为变更定金合同；收受定金一方提出异议并拒绝接受定金的，定金合同不生效。

- 《最高人民法院关于贯彻执行〈中华人民共和国继承法〉若干问题的意见》第2条：相互有继承关系的几个人在同一事件中死亡，如不能确定死亡先后时间的，推定没有继承人的人先死亡。死亡人各自都有继承人的，如几个死亡人辈份不同，推定长辈先死亡；几个死亡人辈份相同，推定同时死亡，彼此不发生继承，由他们各自的继承人分别继承。

- 《最高人民法院关于贯彻执行〈中华人民共和国继承法〉若干问题的意见》第39条：遗嘱人生前的行为与遗嘱的意思表示相反，而使遗嘱处分的财产在继承开始前灭失、部分灭失或所有权转移、部分转移的，遗嘱视为被撤销或部分被撤销。

② 关于程序性法律事实的推定规范：

- 《最高人民法院关于适用〈中华人民共和国民事诉讼法〉

的解释》第59条第2款：营业执照上登记的经营者与实际经营者不一致的，以登记的经营者和实际经营者为共同诉讼人。

● 《最高人民法院关于适用〈中华人民共和国民事诉讼法〉的解释》第135条第2款：民事诉讼法第八十七条第二款规定的到达受送达人特定系统的日期，为人民法院对应系统显示发送成功的日期，但受送达人证明到达其特定系统的日期与人民法院对应系统显示发送成功的日期不一致的，以受送达人证明到达其特定系统的日期为准。

● 《最高人民法院关于适用〈中华人民共和国民事诉讼法〉的解释》第138条第1款：公告送达可以在法院的公告栏和受送达人住所地张贴公告，也可以在报纸、信息网络等媒体上刊登公告，发出公告日期以最后张贴或者刊登的日期为准。对公告送达方式有特殊要求的，应当按要求的方式进行。公告期满，即视为送达。

● 《最高人民法院关于适用〈中华人民共和国民事诉讼法〉的解释》第213条：原告应当预交而未预交案件受理费，人民法院应当通知其预交，通知后仍不预交或者申请减、缓、免未获批准而仍不预交的，裁定按撤诉处理。

● 《最高人民法院关于适用〈中华人民共和国民事诉讼法〉的解释》第235条：无民事行为能力的当事人的法定代理人，经传票传唤无正当理由拒不到庭，属于原告方的，比照民事诉讼法第一百四十三条的规定，按撤诉处理；属于被告方的，比照民事诉讼法第一百四十四条的规定，缺席判决。必要时，人民法院可以拘传其到庭。

● 《最高人民法院关于适用〈中华人民共和国民事诉讼法〉的解释》第236条：有独立请求权的第三人经人民法院传票传唤，无正当理由拒不到庭的，或者未经法庭许可中途退庭的，

比照民事诉讼法第一百四十三条的规定，按撤诉处理。

● 《最高人民法院关于民事经济审判方式改革问题的若干规定》（已失效）第30条：有证据证明持有证据的一方当事人无正当理由拒不提供，如果对方当事人主张该证据的内容不利于证据持有人，可以推定该主张成立。

（持有证据拒不提供的不利推定）

● 《人民法院统一证据规定》[1]第140条：在民事诉讼和行政诉讼中，对需要鉴定的事项负有证明责任的当事人应当提出鉴定申请。

在人民法院指定的期限内无正当理由不提出鉴定申请，或者不预交鉴定费用，或者有其他拒不配合鉴定情形，致使对案件争议事实无法认定的，应当承担举证不能的法律后果。

（需要鉴定而不鉴定的不利推定）

● 《最高人民法院关于民事诉讼证据的若干规定》第8条第2、3款：对一方当事人陈述的事实，另一方当事人既未表示承认也未否认，经审判人员充分说明并询问后，其仍不明确表示肯定或者否定的，视为对该项事实的承认。

当事人委托代理人参加诉讼的，代理人的承认视为当事人的承认。但未经特别授权的代理人对事实的承认直接导致承认对方诉讼请求的除外；当事人在场但对其代理人的承认不作否认表示的，视为当事人的承认。

● 《最高人民法院关于民事诉讼证据的若干规定》第25条第2款：对需要鉴定的事项负有举证责任的当事人，在人民法院指定的期限内无正当理由不提出鉴定申请或者不预交鉴定费用或者拒不提供相关材料，致使对案件争议的事实无法通过鉴

---

〔1〕 该规定为司法解释建议稿。

定结论予以认定的，应当对该事实承担举证不能的法律后果。

（需要鉴定而不鉴定的不利推定）

●《最高人民法院关于民事诉讼证据的若干规定》第 34 条第 1 款：当事人应当在举证期限内向人民法院提交证据材料，当事人在举证期限内不提交的，视为放弃举证权利。

●《最高人民法院关于民事诉讼证据的若干规定》第 75 条：有证据证明一方当事人持有证据无正当理由拒不提供，如果对方当事人主张该证据的内容不利于证据持有人，可以推定该主张成立。

（持有证据拒不提供的不利推定）

（3）允许司法裁量推定的法律规范：

●《最高人民法院关于民事诉讼证据的若干规定》第 64 条：审判人员应当依照法定程序，全面、客观地审核证据，依据法律的规定，遵循法官职业道德，运用逻辑推理和日常生活经验，对证据有无证明力和证明力大小独立进行判断，并公开判断的理由和结果。

（涉及司法推定的原则性规定）

●《中华人民共和国合同法》第 41 条：对格式条款的理解发生争议的，应当按照通常理解予以解释。对格式条款有两种以上解释的，应当作出不利于提供格式条款一方的解释。格式条款和非格式条款不一致的，应当采用非格式条款。

●《中华人民共和国合同法》第 49 条：行为人没有代理权、超越代理权或者代理权终止后以被代理人名义订立合同，相对人有理由相信行为人有代理权的，该代理行为有效。

●《中华人民共和国合同法》第 125 条：当事人对合同条款的理解有争议的，应当按照合同所使用的词句、合同的有关

条款、合同的目的、交易习惯以及诚实信用原则，确定该条款的真实意思。

合同文本采用两种以上文字订立并约定具有同等效力的，对各文本使用的词句推定具有相同含义。各文本使用的词句不一致的，应当根据合同的目的予以解释。

2. 主要刑事法律法规及相关司法解释中的推定规范[1]

在刑事诉讼中，行为人的犯罪主观心理状态属于精神世界的范畴，在认定上具有相当大的难度，但是，主观事实作为犯罪构成要件之一，又是必须加以证明的，因此，以客观外化的行为推定主观心理状态可谓认定犯罪主观事实的必要与正当途径。

(1) 对“明知”的推定。

① 我国刑法[2]分则明文规定的“明知”所涉及的条款：

• 第 138 条【教育设施重大安全事故罪】明知校舍或者教育教学设施有危险，而不采取措施或者不及时报告，致使发生重大伤亡事故的，对直接责任人员，处三年以下有期徒刑或者拘役；后果特别严重的，处三年以上七年以下有期徒刑。

• 第 144 条【生产、销售有毒、有害食品罪】[3]在生产、销售的食品中掺入有毒、有害的非食品原料的，或者销售明知掺有有毒、有害的非食品原料的食品的，处五年以下有期徒刑，并处罚金；对人体健康造成严重危害或者有其他严重情节的，

---

[1] 部分刑事推定规范参考中国人民大学博士张君周的相关整理。

[2] 1997 年 3 月 14 日第八届全国人民代表大会第五次会议修订。

[3] 《中华人民共和国刑法修正案（八）》（中华人民共和国第十一届全国人民代表大会常务委员会第十九次会议于 2011 年 2 月 25 日通过，现予公布，自 2011 年 5 月 1 日起施行）。

处五年以上十年以下有期徒刑，并处罚金；致人死亡或者有其他特别严重情节的，依照本法第一百四十一条的规定处罚。

●第 145 条【生产、销售不符合标准的医用器材罪】[1]生产不符合保障人体健康的国家标准、行业标准的医疗器械、医用卫生材料，或者销售明知是不符合保障人体健康的国家标准、行业标准的医疗器械、医用卫生材料，足以严重危害人体健康的，处三年以下有期徒刑或者拘役，并处销售金额百分之五十以上二倍以下罚金；对人体健康造成严重危害的，处三年以上十年以下有期徒刑，并处销售金额百分之五十以上二倍以下罚金；后果特别严重的，处十年以上有期徒刑或者无期徒刑，并处销售金额百分之五十以上二倍以下罚金或者没收财产。

●第 146 条【生产、销售不符合安全标准的产品罪】生产不符合保障人身、财产安全的国家标准、行业标准的电器、压力容器、易燃易爆产品或者其他不符合保障人身、财产安全的国家标准、行业标准的产品，或者销售明知是以上不符合保障人身、财产安全的国家标准、行业标准的产品，造成严重后果的，处五年以下有期徒刑，并处销售金额百分之五十以上二倍以下罚金；后果特别严重的，处五年以上有期徒刑，并处销售金额百分之五十以上二倍以下罚金。

●第 147 条【生产、销售伪劣农药、兽药、化肥、种子罪】生产假农药、假兽药、假化肥，销售明知是假的或者失去使用效能的农药、兽药、化肥、种子，或者生产者、销售者以不合格的农药、兽药、化肥、种子冒充合格的农药、兽药、化肥、种子，使生产遭受较大损失的，处三年以下有期徒刑或者拘役，并处或者单处销售金额百分之五十以上二倍以下罚金；使生产

---

〔1〕《中华人民共和国刑法修正案（四）》（2002 年 12 月 28 日第九届全国人民代表大会常务委员会第三十一次会议通过）。

遭受重大损失的，处三年以上七年以下有期徒刑，并处销售金额百分之五十以上二倍以下罚金；使生产遭受特别重大损失的，处七年以上有期徒刑或者无期徒刑，并处销售金额百分之五十以上二倍以下罚金或者没收财产。

●第 148 条【生产、销售不符合卫生标准的化妆品罪】生产不符合卫生标准的化妆品，或者销售明知是不符合卫生标准的化妆品，造成严重后果的，处三年以下有期徒刑或者拘役，并处或者单处销售金额百分之五十以上二倍以下罚金。

●第 171 条第 1 款【出售、购买、运输假币罪】出售、购买伪造的货币或者明知是伪造的货币而运输，数额较大的，处三年以下有期徒刑或者拘役，并处二万元以上二十万元以下罚金；数额巨大的，处三年以上十年以下有期徒刑，并处五万元以上五十万元以下罚金；数额特别巨大的，处十年以上有期徒刑或者无期徒刑，并处五万元以上五十万元以下罚金或者没收财产。

●第 172 条【持有、使用假币罪】明知是伪造的货币而持有、使用，数额较大的，处三年以下有期徒刑或者拘役，并处或者单处一万元以上十万元以下罚金；数额巨大的，处三年以上十年以下有期徒刑，并处二万元以上二十万元以下罚金；数额特别巨大的，处十年以上有期徒刑，并处五万元以上五十万元以下罚金或者没收财产。

●第 177 条之一〔1〕【妨害信用卡管理罪】有下列情形之一，妨害信用卡管理的，处三年以下有期徒刑或者拘役，并处或者单处一万元以上十万元以下罚金；数量巨大或者有其他严重情节的，处三年以上十年以下有期徒刑，并处二万元以上二十万

〔1〕《中华人民共和国刑法修正案（五）》（2005 年 2 月 28 日第十届全国人民代表大会常务委员会第十四次会议通过）。

元以下罚金：

（一）明知是伪造的信用卡而持有、运输的，或者明知是伪造的空白信用卡而持有、运输，数量较大的；

（二）非法持有他人信用卡，数量较大的；

（三）使用虚假的身份证明骗领信用卡的；

（四）出售、购买、为他人提供伪造的信用卡或者以虚假的身份证明骗领的信用卡的。……

● 第 191 条【洗钱罪】[1]明知是毒品犯罪、黑社会性质的组织犯罪、恐怖活动犯罪、走私犯罪、贪污贿赂犯罪、破坏金融管理秩序犯罪、金融诈骗犯罪的所得及其产生的收益，为掩饰、隐瞒其来源和性质，有下列行为之一的，没收实施以上犯罪的所得及其产生的收益，处五年以下有期徒刑或者拘役，并处或者单处洗钱数额百分之五以上百分之二十以下罚金；情节严重的，处五年以上十年以下有期徒刑，并处洗钱数额百分之五以上百分之二十以下罚金：

（一）提供资金账户的；

（二）协助将财产转换为现金、金融票据、有价证券的；

（三）通过转账或者其他结算方式协助资金转移的；

（四）协助将资金汇往境外的；

（五）以其他方法掩饰、隐瞒犯罪所得及其收益的来源和性质的。

单位犯前款罪的，对单位判处罚金，并对其直接负责的主管人员和其他直接责任人员，处五年以下有期徒刑或者拘役；情节严重的，处五年以上十年以下有期徒刑。

● 第 194 条【票据诈骗罪】有下列情形之一，进行金融票

---

〔1〕《中华人民共和国刑法修正案（六）》（2006 年 6 月 29 日第十届全国人民代表大会常务委员会第二十二次会议通过）。

据诈骗活动，数额较大的，处五年以下有期徒刑或者拘役，并处二万元以上二十万元以下罚金；数额巨大或者有其他严重情节的，处五年以上十年以下有期徒刑，并处五万元以上五十万元以下罚金；数额特别巨大或者有其他特别严重情节的，处十年以上有期徒刑或者无期徒刑，并处五万元以上五十万元以下罚金或者没收财产：

（一）明知是伪造、变造的汇票、本票、支票而使用的；

（二）明知是作废的汇票、本票、支票而使用的；

（三）冒用他人的汇票、本票、支票的；

（四）签发空头支票或者与其预留印鉴不符的支票，骗取财物的；

（五）汇票、本票的出票人签发无资金保证的汇票、本票或者在出票时作虚假记载，骗取财物的。

使用伪造、变造的委托收款凭证、汇款凭证、银行存单等其他银行结算凭证的，依照前款的规定处罚。

• 第 214 条【销售假冒注册商标的商品罪】销售明知是假冒注册商标的商品，销售金额数额较大的，处三年以下有期徒刑或者拘役，并处或者单处罚金；销售金额数额巨大的，处三年以上七年以下有期徒刑，并处罚金。

• 第 218 条【销售侵权复制品罪】以营利为目的，销售明知是本法第二百一十七条规定的侵权复制品，违法所得数额巨大的，处三年以下有期徒刑或者拘役，并处或者单处罚金。

• 第 219 条【侵犯商业秘密罪】有下列侵犯商业秘密行为之一，给商业秘密的权利人造成重大损失的，处三年以下有期徒刑或者拘役，并处或者单处罚金；造成特别严重后果的，处三年以上七年以下有期徒刑，并处罚金：

（一）以盗窃、利诱、胁迫或者其他不正当手段获取权利人的商业秘密的；

（二）披露、使用或者允许他人使用以前项手段获取的权利人的商业秘密的；

（三）违反约定或者违反权利人有关保守商业秘密的要求，披露、使用或者允许他人使用其所掌握的商业秘密的。

明知或者应知前款所列行为，获取、使用或者披露他人的商业秘密的，以侵犯商业秘密论。

本条所称商业秘密，是指不为公众所知悉，能为权利人带来经济利益，具有实用性并经权利人采取保密措施的技术信息和经营信息。

本条所称权利人，是指商业秘密的所有人和经商业秘密所有人许可的商业秘密使用人。

• 第 258 条【重婚罪】有配偶而重婚的，或者明知他人有配偶而与之结婚的，处二年以下有期徒刑或者拘役。

• 第 259 条【破坏军婚罪】明知是现役军人的配偶而与之同居或者结婚的，处三年以下有期徒刑或者拘役。

利用职权、从属关系，以胁迫手段奸淫现役军人的妻子的，依照本法第二百三十六条的规定定罪处罚。

• 第 310 条【窝藏、包庇罪】明知是犯罪的人而为其提供隐藏处所、财物，帮助其逃匿或者作假证明包庇的，处三年以下有期徒刑、拘役或者管制；情节严重的，处三年以上十年以下有期徒刑。

犯前款罪，事前通谋的，以共同犯罪论处。

• 第 311 条【拒绝提供间谍犯罪、恐怖主义犯罪、极端主义犯罪证据罪】[1]明知他人有间谍犯罪或者恐怖主义、极端主

〔1〕《中华人民共和国刑法修正案（九）》（2015 年 8 月 29 日第十二届全国人民代表大会常务委员会第十六次会议通过）。

义犯罪行为，在司法机关向其调查有关情况、收集有关证据时，拒绝提供，情节严重的，处三年以下有期徒刑、拘役或者管制。

●第312条第1款【掩饰、隐瞒犯罪所得、犯罪所得收益罪】[1]明知是犯罪所得及其产生的收益而予以窝藏、转移、收购、代为销售或者以其他方法掩饰、隐瞒的，处三年以下有期徒刑、拘役或者管制，并处或者单处罚金；情节严重的，处三年以上七年以下有期徒刑，并处罚金。

●第345条第3款【非法收购、运输盗伐、滥伐的林木罪】[2]非法收购、运输明知是盗伐、滥伐的林木，情节严重的，处三年以下有期徒刑、拘役或者管制，并处或者单处罚金；情节特别严重的，处三年以上七年以下有期徒刑，并处罚金。

●第350条【非法生产、买卖运输制毒物品、走私制毒物品罪】[3]违反国家规定，非法生产、买卖、运输醋酸酐、乙醚、三氯甲烷或者其他用于制造毒品的原料、配剂，或者携带上述物品进出境，情节较重的，处三年以下有期徒刑、拘役或者管制，并处罚金；情节严重的，处三年以上七年以下有期徒刑，并处罚金；情节特别严重的，处七年以上有期徒刑，并处罚金或者没收财产。

明知他人制造毒品而为其生产、买卖、运输前款规定的物品的，以制造毒品罪的共犯论处。

单位犯前两款罪的，对单位判处罚金，并对其直接负责的主管人员和其他直接责任人员，依照前两款的规定处罚。

---

〔1〕《中华人民共和国刑法修正案（六）》（2006年6月29日第十届全国人民代表大会常务委员会第二十二次会议通过）。

〔2〕《中华人民共和国刑法修正案（四）》（2002年12月28日第九届全国人民代表大会常务委员会第三十一次会议通过）。

〔3〕《中华人民共和国刑法修正案（九）》（2015年8月29日第十二届全国人民代表大会常务委员会第十六次会议通过）。

• 第 360 条【传播性病罪】[1]明知自己患有梅毒、淋病等严重性病卖淫、嫖娼的，处五年以下有期徒刑、拘役或者管制，并处罚金。

• 第 363 条第 2 款【制作、复制、出版、贩卖、传播淫秽物品牟利罪】为他人提供书号，出版淫秽书刊的，处三年以下有期徒刑、拘役或者管制，并处或者单处罚金；明知他人用于出版淫秽书刊而提供书号的，依照前款的规定处罚。

• 第 370 条第 1 款【故意提供不合格武器装备、军事设施罪】明知是不合格的武器装备、军事设施而提供给武装部队的，处五年以下有期徒刑或者拘役；情节严重的，处五年以上十年以下有期徒刑；情节特别严重的，处十年以上有期徒刑、无期徒刑或者死刑。

• 第 379 条【战时窝藏逃离部队军人罪】战时明知是逃离部队的军人而为其提供隐蔽处所、财物，情节严重的，处三年以下有期徒刑或者拘役。

• 第 415 条【办理偷越国（边）境人员出入境证件罪】负责办理护照、签证以及其他出入境证件的国家机关工作人员，对明知是企图偷越国（边）境的人员，予以办理出入境证件的，或者边防、海关等国家机关工作人员，对明知是偷越国（边）境的人员，予以放行的，处三年以下有期徒刑或者拘役；情节严重的，处三年以上七年以下有期徒刑。

• 第 429 条【拒不救援友邻部队罪】在战场上明知友邻部队处境危急请求救援，能救援而不救援，致使友邻部队遭受重大损失的，对指挥人员，处五年以下有期徒刑。

---

〔1〕《中华人民共和国刑法修正案（九）》（2015 年 8 月 29 日第十二届全国人民代表大会常务委员会第十六次会议通过）。

②我国刑法未明文规定的“明知”所涉及的条款[1]：

• 第236条第2款【强奸罪】[2]奸淫不满十四周岁的幼女的，以强奸论，从重处罚。

• 第314条【非法处置查封、扣押、冻结的财产罪】隐藏、转移、变卖、故意毁损已被司法机关查封、扣押、冻结的财产，情节严重的，处三年以下有期徒刑、拘役或者罚金。

• 第347条【走私、贩卖、运输、制造毒品罪】走私、贩卖、运输、制造毒品，无论数量多少，都应当追究刑事责任，予以刑事处罚。

走私、贩卖、运输、制造毒品，有下列情形之一的，处十五年有期徒刑、无期徒刑或者死刑，并处没收财产：

（一）走私、贩卖、运输、制造鸦片一千克以上、海洛因或者甲基苯丙胺五十克以上或者其他毒品数量大的；

（二）走私、贩卖、运输、制造毒品集团的首要分子；

（三）武装掩护走私、贩卖、运输、制造毒品的；

（四）以暴力抗拒检查、拘留、逮捕，情节严重的；

（五）参与有组织的国际贩毒活动的。

走私、贩卖、运输、制造鸦片二百克以上不满一千克、海洛因或者甲基苯丙胺十克以上不满五十克或者其他毒品数量较大的，处七年以上有期徒刑，并处罚金。

走私、贩卖、运输、制造鸦片不满二百克、海洛因或者甲基苯丙胺不满十克或者其他少量毒品的，处三年以下有期徒刑、

---

〔1〕明文规定的“明知”属于“实然”的明知；未明文规定的“明知”属于应然的“明知”。

〔2〕最高人民法院和最高人民检察院于2002年3月15日公布的《关于执行〈中华人民共和国刑法〉确定罪名的补充规定》中规定，对刑法第236条的罪名统一为强奸罪，取消奸淫幼女罪罪名。

拘役或者管制，并处罚金；情节严重的，处三年以上七年以下有期徒刑，并处罚金。

单位犯第二款、第三款、第四款罪的，对单位判处罚金，并对其直接负责的主管人员和其他直接责任人员，依照各该款的规定处罚。

利用、教唆未成年人走私、贩卖、运输、制造毒品，或者向未成年人出售毒品的，从重处罚。

对多次走私、贩卖、运输、制造毒品，未经处理的，毒品数量累计计算。

③ 我国相关司法解释中以推定方式认定“明知”的情形（司法推定）：

•1998 年 5 月 8 日实施的最高人民法院、最高人民检察院、中华人民共和国公安部、国家工商行政管理局《关于依法查处盗窃、抢劫机动车案件的规定》第 17 条：本规定所称的“明知”，是指知道或者应当知道。有下列情形之一的，可视为应当知道，但有证据证明确属被蒙骗的除外：

（一）在非法的机动车交易场所和销售单位购买的；

（二）机动车证件手续不全或者明显违反规定的；

（三）机动车发动机号或者车架号有更改痕迹，没有合法证明的；

（四）以明显低于市场价格购买机动车的。

•2000 年 11 月 22 日发布的《最高人民法院关于审理破坏森林资源刑事案件具体应用法律若干问题的解释》第 10 条：刑法第三百四十五条规定的“非法收购明知是盗伐、滥伐的林木”中的“明知”，是指知道或者应当知道。具有下列情形之一的，可以视为应当知道，但是有证据证明确属被蒙骗的除外：

（一）在非法的木材交易场所或者销售单位收购木材的；

（二）收购以明显低于市场价格出售的木材的；

（三）收购违反规定出售的木材的。

●2002年7月8日颁布的《最高人民法院、最高人民检察院、海关总署关于办理走私刑事案件适用法律若干问题的意见》：

五、关于走私犯罪嫌疑人、被告人主观故意的认定问题

行为人明知自己的行为违反国家法律法规，逃避海关监管，偷逃进出境货物、物品的应缴税额，或者逃避国家有关进出境的禁止性管理，并且希望或者放任危害结果发生的，应认定为具有走私的主观故意。

走私主观故意中的“明知”是指行为人知道或者应当知道所从事的行为是走私行为。具有下列情形之一的，可以认定为“明知”，但有证据证明确属被蒙骗的除外：

（一）逃避海关监管，运输、携带、邮寄国家禁止进出境的货物、物品的；

（二）用特制的设备或者运输工具走私货物、物品的；

（三）未经海关同意，在非设关的码头、海（河）岸、陆路边境等地点，运输（驳载）、收购或者贩卖非法进出境货物、物品的；

（四）提供虚假的合同、发票、证明等商业单证委托他人办理通关手续的；

（五）以明显低于货物正常进（出）口的应缴税额委托他人代理进（出）口业务的；

（六）曾因同一种走私行为受过刑事处罚或者行政处罚的；

（七）其他有证据证明的情形。

●2003年12月23日实施的《最高人民法院、最高人民检察院、公安部、国家烟草专卖局关于办理假冒伪劣烟草制品等刑

事案件适用法律问题座谈会纪要》第2条第2款规定:“明知”,是指知道或应当知道。有下列情形之一的,可以认定为“明知”:①以明显低于市场价格进货的;②以明显低于市场价格销售的;③销售假冒烟用注册商标的烟草制品被发现后转移、销毁物证或者提供虚假证明、虚假情况的;④其他可以认定为明知的情形。

•2004年12月8日发布的《最高人民法院、最高人民检察院关于办理侵犯知识产权刑事案件具体应用法律若干问题的解释》第9条第2款规定:具有下列情形之一的,应当认定为属于刑法第二百一十四条规定的“明知”:

(一)知道自己销售的商品上的注册商标被涂改、调换或者覆盖的;

(二)因销售假冒注册商标的商品受到过行政处罚或者承担过民事责任、又销售同一种假冒注册商标的商品的;

(三)伪造、涂改商标注册人授权文件或者知道该文件被伪造、涂改的;

(四)其他知道或者应当知道是假冒注册商标的商品的情形。

•2006年12月25日最高人民法院审判委员会第1411次会议、2007年2月14日最高人民检察院第十届检察委员会第71次会议通过《最高人民法院、最高人民检察院关于办理与盗窃、抢劫、诈骗、抢夺机动车相关刑事案件具体应用法律若干问题的解释》第6条:行为人实施本解释第一条、第三条第三款规定的行为,涉及的机动车有下列情形之一的,应当认定行为人主观上属于上述条款所称“明知”:

(一)没有合法有效的来历凭证;

(二)发动机号、车辆识别代号有明显更改痕迹,没有合法证明的。

(2) 对“以非法占有为目的”的推定。

“非法占有目的”是故意之外的主观要素，它在刑事诉讼中，与构成本罪的主观故意一样，具有相当大的证明难度。因此，在“非法占有目的”的证明中引入推定方法，即根据客观存在的事实推断行为人“非法占有目的”之存在，无疑也是摆脱司法困境的有效路径。

① 我国刑法[1]分则明文规定的“以非法占有为目的”所涉及的条款：

● 第192条【集资诈骗罪】以非法占有为目的，使用诈骗方法非法集资，数额较大的，处五年以下有期徒刑或者拘役，并处二万元以上二十万元以下罚金；数额巨大或者有其他严重情节的，处五年以上十年以下有期徒刑，并处五万元以上五十万元以下罚金；数额特别巨大或者有其他特别严重情节的，处十年以上有期徒刑或者无期徒刑，并处五万元以上五十万元以下罚金或者没收财产。

● 第193条【贷款诈骗罪】有下列情形之一，以非法占有为目的，诈骗银行或者其他金融机构的贷款，数额较大的，处五年以下有期徒刑或者拘役，并处二万元以上二十万元以下罚金；数额巨大或者有其他严重情节的，处五年以上十年以下有期徒刑，并处五万元以上五十万元以下罚金；数额特别巨大或者有其他特别严重情节的，处十年以上有期徒刑或者无期徒刑，并处五万元以上五十万元以下罚金或者没收财产：

(一) 编造引进资金、项目等虚假理由的；

(二) 使用虚假的经济合同的；

(三) 使用虚假的证明文件的；

[1] 1997年3月14日第八届全国人民代表大会第五次会议修订。

（四）使用虚假的产权证明作担保或者超出抵押物价值重复担保的；

（五）以其他方法诈骗贷款的。

• 第196条第2款【信用卡诈骗罪】[1]前款所称恶意透支，是指持卡人以非法占有为目的，超过规定限额或者规定期限透支，并且经发卡银行催收后仍不归还的行为。

• 第224条【合同诈骗罪】有下列情形之一，以非法占有为目的，在签订、履行合同过程中，骗取对方当事人财物，数额较大的，处三年以下有期徒刑或者拘役，并处或者单处罚金；数额巨大或者有其他严重情节的，处三年以上十年以下有期徒刑，并处罚金；数额特别巨大或者有其他特别严重情节的，处十年以上有期徒刑或者无期徒刑，并处罚金或者没收财产：

（一）以虚构的单位或者冒用他人名义签订合同的；

（二）以伪造、变造、作废的票据或者其他虚假的产权证明作担保的；

（三）没有实际履行能力，以先履行小额合同或者部分履行合同的方法，诱骗对方当事人继续签订和履行合同的；

（四）收受对方当事人给付的货物、货款、预付款或者担保财产后逃匿的；

（五）以其他方法骗取对方当事人财物的。

② 我国相关司法解释中以推定方式认定“以非法占有为目的”的情形（司法推定）：

• 最高人民法院2001年1月21日会议通过的《全国法院审理金融犯罪案件工作座谈会纪要》（以下简称“《纪要》”）

[1]《中华人民共和国刑法修正案（五）》（2005年2月28日第十届全国人民代表大会常务委员会第十四次会议通过）。

就金融犯罪“非法占有目的”的认定提出了明确的意见：金融诈骗犯罪都是以非法占有为目的的犯罪。在司法实践中，认定是否具有非法占有为目的，应当坚持主客观相一致的原则，既要避免单纯根据损失结果客观归罪，也不能仅凭被告人自己的供述，而应当根据案件具体情况具体分析。根据司法实践，对于行为人通过诈骗的方法非法获取资金，造成数额较大资金不能归还，并具有下列情形之一的，可以认定为具有非法占有的目的：

（1）明知没有归还能力而大量骗取资金的；

（2）非法获取资金后逃跑的；

（3）肆意挥霍骗取资金的；

（4）使用骗取的资金进行违法犯罪活动的；

（5）抽逃、转移资金、隐匿财产，以逃避返还资金的；

（6）隐匿、销毁账目，或者搞假破产、假倒闭，以逃避返还资金的；

（7）其他非法占有资金、拒不返还的行为。但是，在处理具体案件的时候，对于有证据证明行为人不具有非法占有目的的，不能单纯以财产不能归还就按金融诈骗罪处罚。

《纪要》列举的情形实为对推定“非法占有目的”之基础事实的概括，对司法实践“非法占有目的”的认定大有裨益。有学者在《纪要》的基础之上，认为如下事实也可以作为非法占有目的之推定事实：①以支付中间人高额回扣、介绍费、提成的方式非法获取资金，并由此造成大部分资金不能返还的；②将资金大部分用于弥补亏空、归还债务的；③没有经营、归还能力而大量骗取资金的；④将资金大量用于挥霍、行贿、赠与的；⑤将资金用于高风险营利活动造成亏损的；⑥将资金用于违法犯罪活动的；⑦携资金潜逃的；⑧抽逃、转移、隐匿资金，有条件归还而拒不归还的；⑨隐匿、销毁财务账目或搞假破产、假倒闭逃避返还资金的；⑩为继续骗取资金，将资金用于亏损或不营利的生产经营项目的；⑪其他非法占有资金的行为。[1]

● 关于集资诈骗罪的“非法占有目的”，1996年12月16日发布的《最高人民法院关于审理诈骗案件具体应用法律的若干问题的解释》（已失效）（以下简称“《解释》”）指出：具有下列情形之一的，应当认定其行为属于“以非法占有为目的，使用诈骗方法非法集资”：

（1）携带集资款逃跑的；

（2）挥霍集资款，致使集资款无法返还的；

（3）使用集资款进行违法犯罪活动，致使集资款无法返还的；

（4）具有其他欺诈行为，拒不返还集资款，或者致使集资款无法返还的。《解释》对“非法占有目的”的认定集中于两种情形，即无法返还或者拒不返还。就拒不返还而言，非法占有目的极为明显，毋庸置疑。但是无法返还的情形则略显复杂，因为无法返还的事实本身尚不足以认定“非法占有目的”的存在，必须进一步查明无法返还的原因。《解释》中提及两种致使集资款无法返还的情形：挥霍集资款和使用集资款进行违法犯罪活动。只有挥霍集资款或者使用集资款进行违法犯罪活动的行为是致使集资款无法返还的主要原因时，才能据此推定行为人具有“非法占有目的”。

● 1996年12月16日发布的《解释》（已失效）：

二、根据《刑法》第一百五十一条和第一百五十二条的规

〔1〕 高憬宏：“审理金融犯罪案件的若干问题——全国法院审理金融犯罪案件工作座谈会综述”，载《法律适用》2000年第11期。

定，利用经济合同诈骗他人财物数额较大的，构成诈骗罪。

利用经济合同进行诈骗的，诈骗数额应当以行为人实际骗取的数额认定，合同标的数额可以作为量刑情节予以考虑。行为人具有下列情形之一的，应认定其行为属于以非法占有为目的，利用经济合同进行诈骗：

（一）明知没有履行合同的能力或者有效的担保，采取下列欺骗手段与他人签订合同，骗取财物数额较大并造成较大损失的：

1. 虚构主体；

2. 冒用他人名义；

3. 使用伪造、变造或者无效的单据、介绍信、印章或者其他证明文件的；

4. 隐瞒真相，使用明知不能兑现的票据或者其他结算凭证作为合同履行担保的；

5. 隐瞒真相，使用明知不符合担保条件的抵押物、债权文书等作为合同履行担保的；

6. 使用其他欺骗手段使对方交付款、物的。

（二）合同签订后携带对方当事人交付的货物、货款、预付款或者定金、保证金等担保合同履行的财产逃跑的；

（三）挥霍对方当事人交付的货物、货款、预付款或者定金、保证金等担保合同履行的财产，致使上述款物无法返还的；

（四）使用对方当事人交付的货物、货款、预付款或者定金、保证金等担保合同履行的财产进行违法犯罪活动，致使上述款物无法返还的；

（五）隐匿合同货物、货款、预付款或者定金、保证金等担保合同履行的财产，拒不返还的；

（六）合同签订后，以支付部分货款，开始履行合同为诱饵，骗取全部货物后，在合同规定的期限内或者双方另行约定的付款期限内，无正当理由拒不支付其余货款的。

三、根据《决定》第八条规定，以非法占有为目的，使用诈骗方法非法集资的，构成集资诈骗罪。

……

行为人实施《决定》第八条规定的行为，具有下列情形之一的，应当认定其行为属于“以非法占有为目的，使用诈骗方法非法集资”：

（1）携带集资款逃跑的；

（2）挥霍集资款，致使集资款无法返还的；

（3）使用集资款进行违法犯罪活动，致使集资款无法返还的；

（4）具有其他欺诈行为，拒不返还集资款，或者致使集资款无法返还的。

● 关于贷款诈骗罪的“非法占有目的”，尽管1996年12月16日发布的《解释》（已失效）未就推定的基础事实作出规定，但是其对“其他严重情节”或者“其他特别严重情节”予以了列举。

《解释》规定：“其他严重情节”是指：

（1）为骗取贷款，向银行或者金融机构的工作人员行贿，数额较大的；

（2）挥霍贷款，或者用贷款进行违法活动，致使贷款到期无法偿还的；

（3）隐匿贷款去向，贷款期限届满后，拒不偿还的；

（4）提供虚假的担保申请贷款，贷款期限届满后，拒不偿还的；

（5）假冒他人名义申请贷款，贷款期限届满后，拒不偿还

的。“其他特别严重情节”是指：

(1) 为骗取贷款，向银行或者金融机构的工作人员行贿，数额巨大的；

(2) 携带集资款逃跑的；

(3) 使用贷款进行犯罪活动的。

• 1998年5月9日施行的《最高人民法院关于审理挪用公款案件具体应用法律若干问题的解释》第6条：携带挪用的公款潜逃的，依照刑法第三百八十二条、第三百八十三条[1]的规定定罪处罚。

• 2003年11月13日最高人民法院关于印发《全国法院审理经济犯罪案件工作座谈会纪要》的通知第4条：

……

(八) 挪用公款转化为贪污的认定

挪用公款罪与贪污罪的主要区别在于行为人主观上是否具有非法占有公款的目的；挪用公款是否转化为贪污，应当按照主客观相一致的原则，具体判断和认定行为人主观上是否具有非法占有公款的目的。在司法实践中，具有以下情形之一的可以认定行为人具有非法占有公款的目的：

1. 根据《最高人民法院关于审理挪用公款案件具体应用法律若干问题的解释》第六条的规定行为人“携带挪用的公款潜逃的”，对其携带挪用的公款部分，以贪污罪定罪处罚。

2. 行为人挪用公款后采取虚假发票平账、销毁有关账目等手段，使所挪用的公款已难以在单位财务账目上反映出来，且没有归还行为的，应当以贪污罪定罪处罚。

3. 行为人截取单位收入不入账，非法占有，使所占有的公

[1] 《中华人民共和国刑法》第382条规定之贪污罪是以非法占有公共财物目的为主观要件，本条以携带公款潜逃推定行为人具有非法占有公款的目的。

款难以在单位财务账目上反映出来，且没有归还行为的，应当以贪污罪定罪处罚。

4. 有证据证明行为人有能力归还所挪用的公款而拒不归还，并隐瞒挪用的公款去向的，应当以贪污罪定罪处罚。

（3）对持有型犯罪主观故意之推定。

我国刑法对持有型犯罪“持有故意”的内容，关注的不是持有人对特定物品或财产的来源或去向的认知，而是对其本身性状的认知。即只要持有人认识到持有物的性状而仍然故意予以持有，即应当认定其具有持有故意并成就持有型犯罪的构成要件。

具体来说，成立持有型犯罪之“持有故意”的推定，须同时满足三个要件：其一，持有事实的客观存在，即有证据证明被告人实施了持有特定物品或财产的行为；其二，持有人对持有物的法律禁止属性的明知；其三，持有人无反驳或者反驳不能成立。

我国《刑法》[1]分则中涉及持有型犯罪的条款：[2]

- 第128条第1款【非法持有、私藏枪支、弹药罪】违反枪支管理规定，非法持有、私藏枪支、弹药的，处三年以下有期徒刑、拘役或者管制；情节严重的，处三年以上七年以下有期徒刑。
- 第172条【持有、使用假币罪】明知是伪造的货币而持

---

〔1〕 1997年3月14日第八届全国人民代表大会第五次会议修订。

〔2〕 另外，有学者认为《中华人民共和国刑法》第130条规定的非法携带枪支、弹药、管制刀具、危险物品危及公共安全罪和第297条规定的非法携带武器、管制刀具、爆炸物参加集会游行示威罪是非严格意义上的持有型犯罪，因为这两类犯罪中对弹药、管制刀具或爆炸物的持有必须与其他的行为相结合才能构成犯罪，与其他持有型犯罪仅根据对特定物品或财产的持有状态即可认定存在本质上的区别。

有、使用，数额较大的，处三年以下有期徒刑或者拘役，并处或者单处一万元以上十万元以下罚金；数额巨大的，处三年以上十年以下有期徒刑，并处二万元以上二十万元以下罚金；数额特别巨大的，处十年以上有期徒刑，并处五万元以上五十万元以下罚金或者没收财产。

• 第 282 条第 2 款【非法获取国家秘密罪】非法持有属于国家绝密、机密的文件、资料或者其他物品，拒不说明来源与用途的，处三年以下有期徒刑、拘役或者管制。

• 第 348 条【非法持有毒品罪】非法持有鸦片一千克以上、海洛因或者甲基苯丙胺五十克以上或者其他毒品数量大的，处七年以上有期徒刑或者无期徒刑，并处罚金；非法持有鸦片二百克以上不满一千克、海洛因或者甲基苯丙胺十克以上不满五十克或者其他毒品数量较大的，处三年以下有期徒刑、拘役或者管制，并处罚金；情节严重的，处三年以上七年以下有期徒刑，并处罚金。

• 第 352 条【非法买卖、运输、携带持有毒品原植物种子、幼苗罪】非法买卖、运输、携带、持有未经灭活的罂粟等毒品原植物种子或者幼苗，数量较大的，处三年以下有期徒刑、拘役或者管制，并处或者单处罚金。

• 第 395 条第 1 款【巨额财产来源不明罪】国家工作人员的财产、支出明显超过合法收入，差额巨大的，可以责令该国家工作人员说明来源，不能说明来源的，差额部分以非法所得论，处五年以下有期徒刑或者拘役；差额特别巨大的，处五年以上十年以下有期徒刑。财产的差额部分予以追缴。

3. 主要行政法律法规及相关司法解释中的推定规范

行政诉讼中的推定主要源于行政实体法的规定。在行政程序中，行政机关行使行政职权，管理社会事务，对行政相对人一方的权利义务作出影响时，应当收集有充分的证据。但是出于客观情况或者是行政效率的需要，有些情况下，法律赋予行政机关推定的权利。根据推定，行政机关不需要调查推定事实的证据，而是根据基础事实就作出行政决定。

（1）主要行政法律法规中的推定规范（立法推定）：

● 《中华人民共和国道路交通安全法实施条例》第 92 条规定：发生交通事故后当事人逃逸的，逃逸的当事人承担全部责任。但是，有证据证明对方当事人也有过错的，可以减轻责任。

当事人故意破坏、伪造现场、毁灭证据的，承担全部责任。

● 中华人民共和国国家知识产权局令第 55 号《专利审查指南》第 4 条 4.1.3.1 项规定：职务发明，申请专利的权利属于单位；非职务发明，申请专利的权利属于发明人。在专利局的审查程序中，审查员对请求书中填写的申请人一般情况下不作资格审查。申请人是个人的，可以推定该发明为非职务发明，该个人有权提出专利申请，除非根据专利申请的内容判断申请人的资格明显有疑义的，才需要通知申请人提供所在单位出具的非职务发明证明。申请人是单位的，可以推定该发明是职务发明，该单位有权提出专利申请，除非该单位的申请人资格明显有疑义的，例如填写的单位是××大学科研处或者××研究所××课题组，才需要发出补正通知书，通知申请人提供能表明其具有申请人资格的证明文件。

● 《中华人民共和国专利法实施细则》第 4 条第 3 款〔1〕：国务院专利行政部门邮寄的各种文件，自文件发出之日起满 15

〔1〕 由于《中华人民共和国专利法实施细则》《中华人民共和国商标法实施条例》《中华人民共和国著作权法实施条例》等法规的颁行主体是国务院，故将其中涉及的推定规范放在行政推定部分研究。

日，推定为当事人收到文件之日。

第5款：文件送交地址不清，无法邮寄的，可以通过公告的方式送达当事人。自公告之日起满1个月，该文件视为已经送达。

- 《中华人民共和国专利法实施细则》第42条第2款：国务院专利行政部门认为一件专利申请不符合专利法第三十一条和本细则第三十四条或者第三十五条的规定的，应当通知申请人在指定期限内对其申请进行修改；申请人期满未答复的，该申请视为撤回。

- 《中华人民共和国专利法实施细则》第44条第2款：国务院专利行政部门应当将审查意见通知申请人，要求其在指定期限内陈述意见或者补正；申请人期满未答复的，其申请视为撤回。申请人陈述意见或者补正后，国务院专利行政部门仍然认为不符合前款所列各项规定的，应当予以驳回。

- 《中华人民共和国专利法实施细则》第54条第2款：期满未办理登记手续的，视为放弃取得专利权的权利。

- 《中华人民共和国专利法实施细则》第63条：专利复审委员会进行复审后，认为复审请求不符合专利法和本细则有关规定的，应当通知复审请求人，要求其在指定期限内陈述意见。期满未答复的，该复审请求视为撤回；经陈述意见或者进行修改后，专利复审委员会认为仍不符合专利法和本细则有关规定的，应当作出维持原驳回决定的复审决定。

- 《中华人民共和国专利法实施细则》第70条第3款：无效宣告请求人对专利复审委员会发出的口头审理通知书在指定的期限内未作答复，并且不参加口头审理的，其无效宣告请求视为撤回；专利权人不参加口头审理的，可以缺席审理。

- 《中华人民共和国专利法实施细则》第95条第1款：申

请人应当自申请日起2个月内或者在收到受理通知书之日起15日内缴纳申请费、公布印刷费和必要的申请附加费；期满未缴纳或者未缴足的，其申请视为撤回。

● 《中华人民共和国专利法实施细则》第104条第3款：国际申请已进入中国国家阶段，但不符合本条第一款第（四）项至第（七）项要求的，国务院专利行政部门应当通知申请人在指定期限内补正；期满未补正的，其申请视为撤回。

● 《中华人民共和国专利法实施细则》第108条：申请人按照专利合作条约的规定，对生物材料样品的保藏已作出说明的，视为已经满足了本细则第二十四条第（三）项的要求。申请人应当在进入中国国家阶段声明中指明记载生物材料样品保藏事项的文件以及在该文件中的具体记载位置。

申请人在原始提交的国际申请的说明书中已记载生物材料样品保藏事项，但是没有在进入中国国家阶段声明中指明的，应当自进入日起4个月内补正。期满未补正的，该生物材料视为未提交保藏。

申请人自进入日起4个月内向国务院专利行政部门提交生物材料样品保藏证明和存活证明的，视为在本细则第二十四条第（一）项规定的期限内提交。

● 《中华人民共和国专利法实施细则》第110条：申请人在国际阶段已要求一项或者多项优先权，在进入中国国家阶段时该优先权要求继续有效的，视为已经依照专利法第三十条的规定提出了书面声明。

申请人应当自进入日起2个月内缴纳优先权要求费；期满未缴纳或者未缴足的，视为未要求该优先权。

申请人在国际阶段已依照专利合作条约的规定，提交过在先申请文件副本的，办理进入中国国家阶段手续时不需要向国

务院专利行政部门提交在先申请文件副本。申请人在国际阶段未提交在先申请文件副本的，国务院专利行政部门认为必要时，可以通知申请人在指定期限内补交；申请人期满未补交的，其优先权要求视为未提出。

● 《中华人民共和国专利法实施细则》第 113 条第 3 款：申请人按照国务院专利行政部门的通知书的要求改正译文的，应当在指定期限内办理本条第二款规定的手续；期满未办理规定手续的，该申请视为撤回。

● 《中华人民共和国专利法实施细则》第 115 条第 2 款：在国际阶段，国际检索单位或者国际初步审查单位认为国际申请不符合专利合作条约规定的单一性要求时，申请人未按照规定缴纳附加费，导致国际申请某些部分未经国际检索或者未经国际初步审查，在进入中国国家阶段时，申请人要求将所述部分作为审查基础，国务院专利行政部门认为国际检索单位或者国际初步审查单位对发明单一性的判断正确的，应当通知申请人在指定期限内缴纳单一性恢复费。期满未缴纳或者未足额缴纳的，国际申请中未经检索或者未经国际初步审查的部分视为撤回。

● 《中华人民共和国商标法实施条例》第 10 条第 2 款：商标局或者商标评审委员会向当事人送达各种文件的日期，邮寄的，以当事人收到的邮戳日为准；邮戳日不清晰或者没有邮戳的，自文件发出之日起满 15 日视为送达当事人，但是当事人能够证明实际收到日的除外；直接递交的，以递交日为准；以数据电文方式送达的，自文件发出之日起满 15 日视为送达当事人，但是当事人能够证明文件进入其电子系统日期的除外。文件通过上述方式无法送达的，可以通过公告方式送达，自公告发布之日起满 30 日，该文件视为送达当事人。

●《中华人民共和国商标法实施条例》第27条第2款：当事人需要在提出异议申请或者答辩后补充有关证据材料的，应当在商标异议申请书或者答辩书中声明，并自提交商标异议申请书或者答辩书之日起3个月内提交；期满未提交的，视为当事人放弃补充有关证据材料。但是，在期满后生成或者当事人有其他正当理由未能在期满前提交的证据，在期满后提交的，商标局将证据交对方当事人并质证后可以采信。

●《中华人民共和国商标法实施条例》第19条：两个或者两个以上的申请人，在同一种商品或者类似商品上，分别以相同或者近似的商标在同一天申请注册的，各申请人应当自收到商标局通知之日起30日内提交其申请注册前在先使用该商标的证据。同日使用或者均未使用的，各申请人可以自收到商标局通知之日起30日内自行协商，并将书面协议报送商标局；不愿协商或者协商不成，商标局通知各申请人以抽签的方式确定一个申请人，驳回其他人的注册申请。商标局已经通知但申请人未参加抽签的，视为放弃申请，商标局应当书面通知未参加抽签的申请人。

●《中华人民共和国商标法实施条例》第30条第2款：变更商标注册人名义或者地址的，商标注册人应当将其全部注册商标一并变更；未一并变更的，由商标局通知其限期改正；期满未改正的，视为放弃变更申请，商标局应当书面通知申请人。

●《中华人民共和国商标法实施条例》第31条第2款：转让注册商标，商标注册人对其在同一种或者类似商品上注册的相同或者近似的商标未一并转让的，由商标局通知其限期改正；期满未改正的，视为放弃转让该注册商标的申请，商标局应当书面通知申请人。

●《中华人民共和国商标法实施条例》第32条第2款：注

册商标专用权移转的，注册商标专用权人在同一种或者类似商品上注册的相同或者近似的商标，应当一并移转；未一并移转的，由商标局通知其限期改正；期满未改正的，视为放弃该移转注册商标的申请，商标局应当书面通知申请人。

● 《中华人民共和国商标法实施条例》第 57 条第 2 款：商标评审委员会收到申请书后，经审查，符合受理条件的，予以受理；不符合受理条件的，不予受理，书面通知申请人并说明理由；需要补正的，通知申请人自收到通知之日起 30 日内补正。经补正仍不符合规定的，商标评审委员会不予受理，书面通知申请人并说明理由；期满未补正的，视为撤回申请，商标评审委员会应当书面通知申请人。

● 《中华人民共和国商标法实施条例》第 59 条：当事人需要在提出评审申请或者答辩后补充有关证据材料的，应当在申请书或者答辩书中声明，并自提交申请书或者答辩书之日起 3 个月内提交；期满未提交的，视为放弃补充有关证据材料。但是，在期满后生成或者当事人有其他正当理由未能在期满前提交的证据，在期满后提交的，商标评审委员会将证据交对方当事人并质证后可以采信。

● 《中华人民共和国商标法实施条例》第 60 条第 3 款：申请人不答复也不参加口头审理的，其评审申请视为撤回，商标评审委员会应当书面通知申请人；被申请人不答复也不参加口头审理的，商标评审委员会可以缺席评审。

● 《中华人民共和国著作权法实施条例》第 17 条：作者生前未发表的作品，如果作者未明确表示不发表，作者死亡后 50 年内，其发表权可由继承人或者受遗赠人行使；没有继承人又无人受遗赠的，由作品原件的所有人行使。

● 《中华人民共和国著作权法实施条例》第 24 条：著作权

法第二十四条规定的专有使用权的内容由合同约定，合同没有约定或者约定不明的，视为被许可人有权排除包括著作权人在内的任何人以同样的方式使用作品；除合同另有约定外，被许可人许可第三人行使同一权利，必须取得著作权人的许可。

- 《中华人民共和国著作权法实施条例》第28条：图书出版合同中约定图书出版者享有专有出版权但没有明确其具体内容的，视为图书出版者享有在合同有效期限内和在合同约定的地域范围内以同种文字的原版、修订版出版图书的专有权利。
- 《中华人民共和国著作权法实施条例》第29条：著作权人寄给图书出版者的两份订单在6个月内未能得到履行，视为著作权法第三十二条所称图书脱销。
- 《中华人民共和国行政诉讼法》第58条：经人民法院传票传唤，原告无正当理由拒不到庭，或者未经法庭许可中途退庭的，可以按照撤诉处理；被告无正当理由拒不到庭，或者未经法庭许可中途退庭的，可以缺席判决。

（2）相关司法解释中的行政推定规范（司法推定）：

- 《最高人民法院关于适用〈中华人民共和国行政诉讼法〉的解释》第31条：当事人委托诉讼代理人，应当向人民法院提交由委托人签名或者盖章的授权委托书。委托书应当载明委托事项和具体权限。公民在特殊情况下无法书面委托的，也可以由他人代书，并由自己捺印等方式确认，人民法院应当核实并记录在卷；被诉行政机关或者其他有义务协助的机关拒绝人民法院向被限制人身自由的公民核实的，视为委托成立。当事人解除或者变更委托的，应当书面报告人民法院。
- 《最高人民法院关于适用〈中华人民共和国行政诉讼法〉的解释》第34条：根据行政诉讼法第三十六条第一款的规定，

被告申请延期提供证据的，应当在收到起诉状副本之日起十五日内以书面方式向人民法院提出。人民法院准许延期提供的，被告应当在正当事由消除后十五日内提供证据。逾期提供的，视为被诉行政行为没有相应的证据。

- 《最高人民法院关于适用〈中华人民共和国行政诉讼法〉的解释》第35条第1款：原告或者第三人应当在开庭审理前或者人民法院指定的交换证据清单之日提供证据。因正当事由申请延期提供证据的，经人民法院准许，可以在法庭调查中提供。逾期提供证据的，人民法院应当责令其说明理由；拒不说明理由或者理由不成立的，视为放弃举证权利。

- 《最高人民法院关于适用〈中华人民共和国行政诉讼法〉的解释》第46条：原告或者第三人确有证据证明被告持有的证据对原告或者第三人有利的，可以在开庭审理前书面申请人民法院责令行政机关提交。

申请理由成立的，人民法院应当责令行政机关提交，因提交证据所产生的费用，由申请人预付。行政机关无正当理由拒不提交的，人民法院可以推定原告或者第三人基于该证据主张的事实成立。

持有证据的当事人以妨碍对方当事人使用为目的，毁灭有关证据或者实施其他致使证据不能使用行为的，人民法院可以推定对方当事人基于该证据主张的事实成立，并可依照行政诉讼法第五十九条规定处理。

- 《最高人民法院关于适用〈中华人民共和国行政诉讼法〉的解释》第47条：根据行政诉讼法第三十八条第二款的规定，在行政赔偿、补偿案件中，因被告的原因导致原告无法就损害情况举证的，应当由被告就该损害情况承担举证责任。

对于各方主张损失的价值无法认定的，应当由负有举证责任的一方当事人申请鉴定，但法律、法规、规章规定行政机关在作出行政行为时依法应当评估或者鉴定的除外；负有举证责任的当事人拒绝申请鉴定的，由其承担不利的法律后果。

当事人的损失因客观原因无法鉴定的，人民法院应当结合当事人的主张和在案证据，遵循法官职业道德，运用逻辑推理和生活经验、生活常识等，酌情确定赔偿数额。

（可以司法裁量推定）

● 2002 年 9 月 11 日通过的《最高人民法院关于审理反倾销行政案件应用法律若干问题的规定》第 9 条：在反倾销行政调查程序中，利害关系人无正当理由拒不提供证据、不如实提供证据或者以其他方式严重妨碍调查的，国务院主管部门根据能够获得的证据得出的事实结论，可以认定为证据充分。

余　论

关于无罪推定

一、两种表述及其虚实困境

（一）两种表述

无罪推定（presumption of innocence）思想源自古罗马“一切主张在未经证实之前，推定其不成立”的法律信条。贝卡里亚在他的《论犯罪与刑罚》（中译文）一书中最早提出现代意义上的无罪推定理论：“在法官判决之前，一个人是不能被称之为罪犯的。只要还不能断定他已经侵犯了给予他公共保护的契约，社会就不能取消对他的公共保护。”〔1〕

从法律上最早规定无罪推定的是法国的《人权宣言》，其第9条规定：“任何人在其未经判罪前均应被假定为无罪，如果非拘禁不可，法律应规定对他采取的严厉措施。”〔2〕1948年12月联合国大会通过的《世界人权宣言》第11条第1款规定：“凡受刑事控告者，在未经获得辩护上所需的一切保证的公开审判而依法证实有罪以前，有权被视为无罪。”〔3〕1966年12月联合国

〔1〕［意］贝卡里亚：《论犯罪与刑罚》（中译文），黄风译，中国大百科全书出版社1993年版，第31页。

〔2〕沈德咏主编：《刑事证据制度与理论》，法律出版社2002年版，第133页。

〔3〕沈德咏主编：《刑事证据制度与理论》，法律出版社2002年版，第135页。

大会通过的《公民权利和政治权利国际公约》第14条第2款规定："凡受刑事控告者，在未依法证实有罪之前，应有权被视为无罪。"[1] 从上述列举的有关规定来看，无罪推定的本质要义应为推定无罪。其主要内容有二：其一，体现人权先定思想的无罪设定，即任何人在法院判决以前都设定无罪；其二，对被告人在法官不能认定其犯罪情况下的无罪推定。

无罪推定还有另一种表述，意大利现行宪法规定被告人在最终定罪之前，不得被认为有罪。[2] 1958年《苏联和各加盟共和国刑事诉讼纲要》的表述是："非经法院刑事审判，任何人不能被认定为犯罪人并受到刑事处罚。"[3] 我国现行刑事诉讼法对无罪推定原则予以吸收，在第12条中规定："未经人民法院依法判决，对任何人都不得确定有罪。"这些规定将无罪推定理解为任何人未经法官审判，"不得被认为有罪"，显然与第一种"应当假定无罪"不仅在字面上有所区别，其内涵也不尽相同。因为"不得被认为有罪"可做两种处理，一种是推定无罪，而另一种是"疑罪从挂"。如此看来，第二种表述并不是完整意义上的无罪推定，而有"疑罪从挂"的取向。

我国刑事诉讼法对无罪推定取上述第二种表述，也表明了我国立法部门的基本立场："未经法院判决对任何人不得确定有罪原则，是坚持以事实为根据，在法院判决被告人有罪之前，不认定其为罪犯，但也不排除其有犯罪嫌疑，而是实事求是进行侦查，客观地收集有罪、无罪、罪重、罪轻的各种证据，根

[1] 沈德咏主编：《刑事证据制度与理论》，法律出版社2002年版，第136页。

[2] 沈德咏主编：《刑事证据制度与理论》，法律出版社2002年版，第140页。

[3] 尤广辉、时延安："无罪推定原则之多维分析"，载《南都学坛》2002年第6期。

据事实确定犯罪的有无。”[1]

（二）表述一所面临的假想逻辑困境

有学者认为，将无罪推定理解为“未经依法证实有罪之前应被视为无罪”，在逻辑论证上属于诉诸无知的谬误。[2]

逻辑学中诉诸无知的谬误也称以无知为据的谬误，是指在论证中认为一个命题没有证明其为假的证据，就是真的，一个命题没有证明其为真的证据，就是假的。而事实上，没有证明其为假的证据不等于它就是真的，没有证明其为真的证据也不等于它就是假的。就像举不出鬼神不存在的证据，不能因此就认为鬼神是存在的一样。

因此，这些学者们主张，无罪推定完全符合逻辑学对“诉诸无知”谬误界定的特征：既然一个命题的真假是矛盾的，则如果一个命题的证伪证据欠缺（这并不必然意味着证伪不可能），那么他就得到了证实。相反，一个命题的证实证据欠缺（这并不必然意味着证实不可能），那么他就被证伪了，这种以对方缺乏证据为理由来论证己方观点绝对成立的论证思路就是一种逻辑谬误。

从形式上看，对无罪推定的推理形式我们可以作以下几种逻辑上的解读：

其一：

被控者要么有罪要么无罪（$p \vee q$）

不能证明被控者有罪（p'）

所以，被控者是无罪的（q）

---

〔1〕夏红、毛淑玲、单丽雪编著：《中华人民共和国刑事诉讼法配套解读》，法律出版社 2012 年版，第 20 页。

〔2〕张成敏：“论无罪推定的逻辑基础”，载《中山大学学报（社会科学版）》2003 年 S1 期。

在这里，该推理将“不能证明被控者有罪”等同于“‘有罪’本身为假”，即 p′=¬p，违背逻辑同一律，因此它不是选言推理否定肯定式（p∨q）∧¬p→q 的正确运用，在形式上无效。

其二：

无罪要么能证实要么能证伪（p∨q）

无罪不能被证伪（¬q）

所以，无罪已被证实（p）

这个推理形式表面看是正确的，但是其选言前提“无罪要么能证实要么能证伪”，因选言肢不穷尽，即漏掉了“无罪既不能证实也无法证伪”（r）这种情况，所以也是不正确的。

其三：

把“可能的”“非否证的”解释为“相信”，在逻辑上属于语义错误或模态解释错误。

因为“不能证实无罪”在模态上可理解为“并非可靠地知道无罪”。当我们用¬A 表示“无罪”，用 KL 表示“可靠地知道”，那么“并非可靠地知道无罪”就表示为¬KL¬A，根据定义 KMA=df¬KL¬A，在这里算子 KM 只能解释为“可能的”或“非否证的”而不能解释为“相信”，“不知道非 A”并不表明“相信 A”。

无罪推定中却对模态算子 KM 作“相信”理解，如果这样，那么其荒诞性就如同“并非可靠地知道上帝不存在”就等于“相信上帝存在”一样明显。

（三）表述二所面临的人权保护主义诘难

“不得被认为有罪”这种表述虽然逃过了“诉诸无知的谬误”的批判，在推理形式上似乎也不存在上述几种逻辑错误，但是“不得被认为有罪”只是排除了有罪推定，并未排除“疑罪从挂”。“疑罪从挂”是对疑罪“从有”或“从无”做不确定

处理，在实践中难免会给犯罪嫌疑人、被告人造成人权侵害。由于我国刑诉法中的这项规定没有无罪设定原则之基础，也缺乏具体诉讼规则的支持，是一种不完备层面上的无罪推定，所以实际上犯罪嫌疑人、被告人在整个诉讼中的诉讼主体地位、权利并未得到保障，宣判过后他们在社会生活中的政治、经济、社会权利也很难被真正保障。

二、无罪推定的本质——一种法律设定

（一）无罪推定不是推定

长久以来，无罪推定在证据法学界一直被当作是刑事推定之一种来看待，其实这是认识上的一个错误。我们知道，推定是一种依一定的基础事实推导出另一事实的特殊的认定事实的方法或手段，它的机理在于基础事实与推定事实之间的普遍共存关系，也就是说当基础事实被确认存在时，在绝大多数情况下，推定事实的存在与否便能被确定。而无罪推定与我们所讲的该意义上的推定存在着根本的区别。有学者称无罪推定为“直接推定”，大陆法系又称之为“暂定真实”，它是指不需要任何前提事实，由法律直接规定某一事实存在。由于这种规定在对推出事实的态度上类同于普通意义上的推定，故亦将其以“推定”冠名。除无罪推定外，精神正常的推定也具有与此相同的性质。

我们说无罪推定不是真正的推定，原因在于：第一，无罪推定缺乏基础事实，它的存在基础是保障人权的价值公设。在司法实践中，侦查机关通常是在掌握了犯罪嫌疑人相关犯罪证据后，才会进入诉讼程序，因此“无罪”能够真正成立的比例极小。而真正的推定是建立在前提事实的确证基础之上的，根据的是经验法则和逻辑原理在常规与特殊之间作出的符合常规

的选择。在实践中，推定具有类型化的特点，且其结论的不可推翻性往往较大。第二，规定无罪推定的法律大多属于宪法性法律，处于较高的立法层次，处于原则的层面。它是一种无例外的“推定”，即只要一个合格的法庭还没有按照法定程序作出最终有罪裁判，任何机关、组织或个人对任何犯罪嫌疑人都应推定无罪。真正的推定并不具有此特点，它因具体案件的不同而有不同的推定结果，侧重于解决案件事实的认定问题，处于方法层面。第三，无罪推定的设立目的在于保障个人权利，真正推定的设立目的乃是为了促成诉讼的顺利进行。

也有学者认为无罪推定是一种法律拟制〔1〕，我们说这种认识也欠妥当。拟制的概念如前文所述，是将明知非 A 的事物以 A 来看待，而无罪推定是当 A 没有被证明（处于不清楚状态）时，视其为非 A。从这一点上看，无罪推定的基本思路确实接近推定，故在“无罪”之后冠以“推定”之后缀倒也勉强可以。

（二）无罪推定是一种法律设定

刑事诉讼中的无罪推定应该是一种无罪设定。人工智能理论、常识推理创始人之一麦卡锡在他的约束推理理论中曾表述：“在这种推理中只有当能证明某些对象满足性质 P 时，才认为它们满足性质 P。例如，设要求解的问题是划船过河，可能列举许多妨碍过河成功的因素，如没有桨、船漏、船搁浅在泥沙中，等等。……程序能做的是，只有那些假定能够清楚地被证明为真的事情，它们才是真的（希望没一个为真），否则不为真。那时，程序才能往前进行并假定能使用船。”〔2〕我们对于无罪推定

〔1〕梁庆寅、罗仕国：“无罪推定的逻辑形式”，载《中山大学学报（社会科学版）》2006 年第 1 期。

〔2〕［美］E. 丽奇：《人工智能引论》，李卫华、汤怡群、文中坚编译，广东科技出版社 1986 年版，第 233~234 页。

逻辑形式的认识也可以从中受到启发：如果 A 不能在某个给定的时间内被证明，那么则得出结论 B。在逻辑学中这应是一种单调性推理，即只要前提未被取消，则假定的结论不会改变。因此，无罪推定若作为推理，其结论只能是一种假定。

按传统理解，“以无知为据”是指不知道 P，所以¬ P。道格拉斯·沃尔顿在《非形式逻辑》一书中将其修订为：不知道 P，所以¬ P 是似真的（plausible）。因为知道与不知道、相信与不相信属于认识论范畴，而真与不真属于本体论范畴，它们之间不存在真假制约关系。“不知道 P，所以¬ P 是似真的”这一命题和“不知道 P，所以 P 是似真的”一样，由于其结论是“似真的”而不是“真的”，故而都能成立，并不存在什么谬误。当然，从无罪推定的逻辑形式上来看，它也不是沃尔顿意义上的那种纯粹的认识论范畴的命题。由于法律作为一种实践理性，它要考虑法律价值问题，其中包括人权保护、诉讼效率、秩序、安全等因素，因此无罪推定的真正含义是“不知道（不相信）P，所以假定非 P”。这是一种特定的法律原则性命题，确切地说是一个法律设定，它是通过法律设定的方式排除了沃尔顿的“似真性”，是对认知关系的一种法律技术处置，也排除了存在“诉诸无知”的谬误的嫌疑。

（三）无罪推定价值公设的逻辑理性

设置无罪推定原则，其理由固然主要来自于价值论，但是，这其中也蕴涵着重要的逻辑理性，即人人都享有的一种先定的权利——无罪免证权。无罪免证是一条人权公理，它不仅属于价值论视域，而且也属于逻辑视域。其实质在于强调只有所有人都是无罪免证的，才能逻辑地推出个别人是无罪免证的，才可能保证个别人不会因为怀疑而被定罪。[1]可以想象，如果一个社会中每一个人的清白都是需要证明，那么第一位仲裁者怎么可能产生？因为如果没有天生的清白者，又到哪里去找仲裁者呢？清白者既不可能是自己仲裁的，也不可能是由未经证明是否清白的人仲裁的，最后结果只能是，当人人都需要证明的时候，人人都不可能证明，因为没有第一个清白者，这是对“有罪推定”的一个归谬反驳，而要解决“有罪推定”的逻辑谬误，我们就必须承认无罪推定在理性社会所具有的逻辑公理价值。

事实上，无罪推定原则在刑事诉讼中应有两层含义：其一是控诉方承担证明犯罪嫌疑人、被告人有罪的责任，犯罪嫌疑人和被告人仅在极少数法律规定的情形下承担一定的证明推进责任，但始终没有证明自己有罪或无罪的义务，不得因被告人不能证明自己无罪就推定其有罪；其二是在审判过程中，经过法定举证、质证程序，法官根据既有证据综合考量、认定事实，如果认定被告人有罪的证据不足，则应依法宣告其无罪。

无罪推定把举证责任推给官方，逻辑上是无罪免证公理的演绎，它不仅使有罪怀疑的任意受到限制，从而有效克服确证偏见，同时也符合举证能力的优势分配原则：与处于弱势的社会个体相比，控方理应承担较重的证明责任。

（四）结论

由此可见，“无罪推定”原则在我国刑事诉讼法中采用“不得确定有罪”这样的表述，礼貌一点讲，是谨慎、保守的做法，不客气地讲，是一种投机，是并不完备的无罪推定。真正的无

〔1〕 张成敏：“论无罪推定的逻辑基础”，载《中山大学学报（社会科学版）》2003 年 S1 期。

罪推定应该按照上文介绍的第一种表述来理解。无罪推定是一项法律原则，或者说是一种法律设定，它并没有违反逻辑规律，也不存在以无知为据的谬误，更不背离实事求是原则，它以承认一定条件下人的认识能力的有限性为前提，以正确的论证形式为基础，体现了正确的逻辑规律、认识论原则与法律价值的有机统一。作为一项普遍的人权保护原则，无罪推定的价值正日益得到体现。

三、刑事法中设立推定并不有悖“无罪推定”原则

有学者认为，在刑事法中设立推定制度（这些学者主要是反对“司法推定”的存在），会冲击“无罪推定”的基本原则。[1]他们在其所撰文章中指出：无罪推定的实际内容是要求控方承担证明责任并且证明至“排除合理怀疑”的程度。所以不能允许法官对犯罪构成的部分事实进行推定，以降低证明标准或转移证明责任。但是他们同时又言：“当然不能否认，由于刑事政策执行的要求，以及某些犯罪中的某些要素在控方证明上的困难，各国可能通过法律在某些犯罪的证明中，通过倒置或转移证明责任，以及通过降低证明标准，限制‘无罪推定’原则的使用，即如‘巨额财产来源不明罪’。”“排除合理怀疑的证明标准（包括‘内心确信’标准或‘案件事实清楚、证据确实充分’的标准），并不是一个没有任何弹性的标准，在这个标准之下，客观行为的证明度较之主观要件事实的证明度更高，而后者略低，这应当是司法现实主义所承认的。当然，各国在其国内法律实践中贯彻联合国文件，不排除根据这个推断条款进一步设定推定机制，即对这些犯罪中的某种特殊类别的犯罪，

---

〔1〕 龙宗智：“推定的界限及适用”，载《法学研究》2008 年第 1 期，龙教授反对“事实推定”（即“司法推定”，笔者注）概念的存在。

就其构成要件的某一部分实行推定——转移证明责任。然而，即使适用推定，这种推定只能是法律推定而非事实推定——即由法律明确规定实行推定，如果没有法律的明确规定，任何法院或法官不得擅自推定。”

笔者认为，由于推定发展势头的迅猛，持上述观点的学者们对“无罪推定”原则会因此遭受冲击的担心应该说是可以理解的。但是，他们的论证却不够合理。依照这些学者们的观点，法官适用“事实推定”（即“司法推定”，笔者注），会导致证明责任与证明标准发生随意改变，有破坏国家法制体系的危险。但是他们又承认法律推定（即立法推定，笔者注）在特定情况下有存在的必要。且不说这种提法本身就自相矛盾——无论立法推定还是司法推定，其实质都是对诉方证明责任的卸除，只是在作出推定的主体以及推定的依据方面不同而已。如果说法官根据具体案情决定使用推定是主观唯心的，有专断、侵权之嫌，那么通过立法活动而确立的推定（而且对于推定依据与推定事实往往是不可反驳的）不就更是“无理可讲”的独裁了吗？再者说，黑格尔曾言：“凡是合乎理性的东西都是现实的，凡是现实的东西都是合乎理性的。”〔1〕推定本身并不是一种新鲜事物，它之所以能够长久存在，而且随着现代司法的开展，大有大显身手的态势，这说明确有其存在的不容忽视的理由。我们知道，在刑事诉讼实践中，裁判者认定案件事实的方法始终包括两种：一种是以证据来直接证明案件事实，另一种就是通过推定来认定，后者已构成对前者的一种必要的辅助。〔2〕

刑事推定与封建专制时期的有罪推定有着本质上的区别，

---

〔1〕［德］黑格尔：《小逻辑》，贺麟译，商务印书馆1982年版，导言第6页。

〔2〕孙宁华、李群：“刑事推定与被告人的抗辩责任”，载《西南政法大学学报》2004年第1期。

它与无罪推定原则并不存在冲突，而且在一定程度上还具有相容性。刑事推定与证明一样，它也是利用证据对实体问题进行认定，只不过它的依据是基础事实与推定事实之间存在的逻辑上的共生关系，是人们的日常生活经验而已。刑事推定的法律实质关乎的是证明负担和证明方法上的问题，它是为了部分减轻控方的证明难度，在直接证据不充分的情况下，由事实裁判者运用间接证据对待证事实作出的假定性认定，因而是一种“非终局性推定”。这种推定给予辩护方充分反驳的机会，只要辩护方能够提出证据进行反驳就可以推翻这种推定，而如果辩护方不能提出证据进行反驳，那么“非终局性推定”就会转化为“终局性推定”，推定的法律效力就会产生。由此观之，刑事推定是一种认定事实方法上的问题。

推定并不如某些学者所言，会造成证明责任的转移。证明责任作为一种诉讼风险始终属于一方当事人，是一种静态的责任，受实体法支配，在诉讼中不会发生转移，因此败诉风险也不会发生转移。在刑事审判中，由于无罪推定原则的存在，使控方负有证明被告犯有指控罪行的证明责任。控方对于指控罪行必须提出确实充分的证据予以证明。在此之前，即使被告不发一言，法官也不能据此得出被告有罪的结论。如美国刑事诉讼法规定，如果控方不能提出证明被告有罪的表面上成立的证据（primafacie evidence），法官可以直接裁定被告无罪，而无须进入陪审团审判程序。严格意义上的证明责任并不会在双方当事人之间发生转移，始终由控方承担。

由于诉讼证明存在的客观局限性，法律工作者认识到诉讼不是也不可能是发现真情的科学调查研究。[1]所以控方在适用

〔1〕 沈达明编著：《英美证据法》，中信出版社1996年版。

推定指控某些犯罪构成要件时，其证明尺度也会由对“排除合理怀疑”的证明调整至“更有可能性”的证明。那么，当被告方提出证据来推翻推定的效果时，他所承担的是本应属于控方的证明责任吗？回答是否定的。借用陈朴生教授的提法，被告方此时承担的是“抗辩责任”（按照陈朴生教授的观点：“在采诉讼制度之诉讼程序，始于当事人之主张，并分当事人为原告与被告两造，本当事人对等之原则，原告因应负攻击责任，被告则应负防御责任……防御责任，亦称抗辩责任，系为保护被告之利益而设，具有利益性与必要性。故被告虽未就原告所主张之事实提出抗辩，并不生任何不利于该当事人之效果。”）〔1〕

英国刑事法学家 J. W. 塞西尔·特纳将被告人的这种抗辩责任称为“必要的肯定性反证”。他提出：“在某些情况下，为了当事人的利益，需要对罪行进行‘否定性证明’，而用以进行这种否定证明的事实（如果存在的话）又只有当事人自己知道，这时候，困难就产生了。因为在这种特殊的情况下，一旦控诉人提出的证据在一个有理智的人看来已足以对罪行作出肯定性的判定，那么提出肯定性反证对罪行作出否定性证明的责任就落到了被告人身上……”〔2〕所以，当控方已提出强有力的证据以证明被告有罪之情况，被告为避免其受有罪认定，不能不提出对其有利的证据，此即为被告承担抗辩责任的必要性。

由于被告在选择提出抗辩理由时，如果只是否认而不提供相应的证据予以佐证，这在证据裁判主义的严格要求下就无法影响法官的心证，而且也不利于推进诉讼证明活动，诉讼的对抗性特征也无从彰显。相反，如果在刑事审判中，规定被告负

〔1〕 陈朴生：《刑事证据法》，三民书局 1979 年版，第 303~304 页。

〔2〕［英］J. W. 塞西尔·特纳：《肯尼刑法原理》，王国庆等译，华夏出版社 1989 年版，第 508 页。

相应的抗辩责任，就有利于促使其充分行使辩护权，有利于充分调动和发挥被告人证明的积极性，有利于促使控诉机关充分履行证明责任，而且不会产生降低被告人诉讼地位的法律后果。因为这只要求被告人如实提出其所知的有关证据或证据线索，并不意味着减轻或解除司法人员对基础事实的证明责任，也不意味着司法人员就能以被告人沉默不语、拒绝陈述、拒绝提出有关证据或证据线索为由而认定被告人有罪。对于被告所提出的证据或者证据线索，控方仍然负有查明是否为真的责任。由于推定的直接效果在于卸除控方对推定事实的证明责任，亦即控方只需对较易证明的基础事实举出证据加以证明即完成了证明责任，而无须对待证事实本身进行证明。被告要推翻推定的事实，则应该举反证对基础事实、推定事实或基础事实与推定事实之间的相关关系予以反驳，而控方也要对被告提出的反证事实予以回应，如果控方不能否定被告的反证，推定事实就陷于真伪不明状态。显然，这种真伪不明状态对被告方是有利的，因为控方要承担对整个案件事实的证明责任。所以，司法机关在审判阶段作出推定并不意味着立即认定被告人有罪，相反，这还给被告人一个机会，允许被告人作最充分的反证和辩护。所以说，在刑事诉讼中正确地运用推定方法，不仅有助于缓解某些证明上的困难，降低诉讼成本，大致准确地认定案件事实，而且基于被告方的有效防御或抗辩责任，控方还会认真调查核实被告人提出的证据，去伪存真，得出客观结论。这一过程完全是以事实为根据，以法律为准绳的，根本无悖于“无罪推定”原则。

有关推定的一些断想（代结语）

本书在写作之初就没敢奢望能够像其他著述一样可至少产生一点益于实践的作用，尽管笔者知道只有做到那样，花时间耗精力的写作对于当前急需操作规则的司法实践来说才是有意义的。但是笔者实在深感学疏识浅、力不从心，所以本书最终只能定位于一次抽象枯燥的纯理论探讨，且很可能只是一次同样严重甚至更为严重的不自量力的选择。

本书首先把视角放在了推定概念内涵与外延的界定上，通过与相关概念的比较，确定它的性质。本书也试图揭示推定这种特殊的认定事实的方法的运行原理与运行机制究竟如何。本书在最后也考虑到了一点与实践相关的问题——推定的适用规则，尽管只是蜻蜓点水。笔者在本书主文的写作临近结束之时，总觉得还有些什么想法没有表达，但又都没有考虑成熟，更缺乏系统性表述，因此只能把它们作为一点断想，记录在后，权当结语。

人们总是愿意说推定转移举证责任。其实推定和证明一样，也是认识事实的一种方法，如果我们认为用证明认识事实较推定更为严谨可靠，那我们理当在运用证据证明时，责成对方当事人承担所证事实不成立的举证责任，因为若其不能举证推翻，则因本证的实在有力性，而使得其必须承担不利后果，而不是

在运用推定这种或然性极强的方法时，连推定者自己都不认为结论十分有把握的情况下，硬要说将证明责任进行了转移，让对方承担提出证据或者说服事实裁判者推定不能成立的举证责任，否则就自受败诉风险，这样的做法难道不是有些滑稽吗？正因为推定的非必然可靠性，才要给予对方充分反驳的机会，对方愿意举证推翻推定，那也是他应有的一项权利，怎么能叫“责任”呢？也许不同意见者会认为笔者咬文嚼字、吹毛求疵，但汉语言如此之丰富，使用一个更能准确达意的词语难道不更好吗？

大部分学者都认为，立法推定是司法推定的升华。“从两者的演变过程看，事实推定（笔者觉得改称司法推定更妥）在先，法律推定（笔者更赞成使用立法推定的称谓）在后。法律推定是事实推定的法律化、定型化，事实推定是法律推定的初级阶段，有待于上升为法律推定。”〔1〕“推定用于法律，可作立法推定和司法推定之分，其划分根据是基础事实与推定事实之间的常态联系或伴生关系的稳定性或确定性程度。稳定性或确定性比较强的，一般上升为立法推定；稳定性或确定性比较弱的，一般在司法证明过程中加以运用。”〔2〕对此观点，笔者不大赞同。因为从形式或结构上看，无论是立法推定还是司法推定，都具备推定的特点，这也是它们（尤其是立法推定）能够区别于法律规定、法律拟制或法律解释等相关概念之处。比如，通常的法律规范中，都会既规定“行为模式”，又规定“法律后果”，也有的只规定“法律后果”，但都不会对“行为模式”的性质归属作出认定，这种情况就属于典型的法律规定。而描述

〔1〕 江伟主编：《证据法学》，法律出版社1999年版，第138页。

〔2〕 邓子滨：《刑事法中的推定》，中国人民公安大学出版社2003年版，第113~114页。

“行为模式”性质归属的，则属于“立法推定”，例如《中华人民共和国刑法》第395条规定，“国家工作人员的财产、支出明显超过合法收入，差额巨大的，可以责令该国家工作人员说明来源，不能说明来源的，差额部分以非法所得论，处五年以下有期徒刑或者拘役”。此处“以非法所得论”即是对预行处罚的行为模式的性质认定亦即推定（从这个角度讲，我同意龙宗智教授“不能将推定扩大解释，认为现行法律中推定四伏”的观点，从理论上要清晰地分辩推定与拟制、规定等概念的区别）。立法推定与司法推定的差别在于二者遵从不同的推定依据，后者是事物间的常态联系或称经验法则，而前者虽然也要遵循事物间的常态联系规律，但更多考虑的是价值选择、政策倾向、司法理念等更为主观甚至非理性的东西，所以我们对立法推定与司法推定二者的关系必须分情况考察。如果仅从“经验法则”角度来看，的确有立法者对较为稳定、确实之事物之间的联系以立法的形式予以固定的情形。比如正确写明地址和邮寄的信件，推定为已在通常的交邮期内收到；婚姻关系存续期间怀孕或者所生的子女，推定为夫妻双方的子女；等等。如此一来，立法推定也的确是司法推定的高级阶段。但是我们也应该看到，即使在这些推定中，立法者所考虑的因素也不是单一的，也会考虑到诸如社会关系的稳定、对特殊群体权益的保护等，所以，若基于这层意义考虑，司法推定与立法推定并不具有可比性，也不存在什么初、高级的递进关系，我们怎么能判断这两种依据哪个更先进、更高级、更稳定、更具有优越性呢？比如，在多人死亡的意外事故中做出的死亡顺序先后的立法推定，难道它的依据更符合事态常理，是更可靠的经验法则的运用或者说是司法推定发展到一定阶段的升华吗？这种认识显然是值得商榷的。

有学者认为，推定的适用降低了证明标准〔1〕，对此观点笔者也持保留意见。笔者认为，“证明标准”本身就属于人的认识范畴，证明标准的概念以及学者们为量化该概念而做出的诸如“优势证据证明”“高盖性证明”“无合理怀疑证明”等表述，事实上都是具有明显相对性的。对案件事实的证明标准达到了什么程度，究竟是高还是低，只能依靠实践的检验，具体一点讲，就是要看被推翻、否证、反驳的概率和难易程度。如果我们说证据证明是严谨而周密的认定事实的方法，推定是人类基于认识的局限性不得已而为之的下策，那恐怕以证据证明的案件个个都是铁案，而适用推定的案件则危机四伏了。可现实情况并非如此，许多错案也是出自证据证明之后，而推定的适用比比皆是，也没有像是要消亡的迹象。原因很简单，任何演绎的大前提都是归纳的结论，因此，即使我们运用的是绝对有效的AAA式三段论演绎证明，从理论上讲，其结论也具有可错性，因为大前提的获得方法——归纳始终都是或然性的。

司法推定的运用招致许多学者的质疑。〔2〕有的学者甚至认为司法推定（该学者使用的是事实推定的概念）的概念本身就属多余。〔3〕情况果真如此吗？如果从推定的概念入手分析，真正的推定其实就是司法推定，因为只有司法推定才具备推定“认定案情的一种特殊技术手段”之特性，由于司法推定的依据是人类实践的经验法则，具有客观规律的本质，而立法推定有相当的依据是具有明显的主观色彩的，从某种程度上讲，甚至可以归入立法者的造法活动。因此，如果按照马克思主义发展

〔1〕 龙宗智教授2007年10月25日在中国政法大学所做“证据法中推定的界限及其适用”讲座录音整理稿。

〔2〕 劳东燕：“认真对待刑事推定”，载《法学研究》2007年第2期。

〔3〕 龙宗智教授2007年10月25日在中国政法大学所做“证据法中推定的界限及其适用”讲座录音整理稿。

观来看，随着国家现象的消亡，倒是立法推定及其理念必然会随之消亡，而作为认定事实的一项技术方法，司法推定之要义确是长存的。

对于有学者提出的“错案追究制度对推定的运用也有制约作用”〔1〕的观点，笔者也想谈一点认识。我们都知道，作为司法判决小前提的是法官通过证据证明或通过基础事实与经验法则认定的案件事实，而这也往往是错案发生的重要环节。法官在这一环节要审查证据的可采性和可信性。在证据的可采性问题上法官发生错误有三种可能：其一是主观故意，违反证据规则非法采纳；其二是基于自身有瑕疵的认识，过失造成错误采纳；其三是法官遭受蒙蔽，无法正确判断（当然，这涉及侦、控环节的错案问题，在此不展开论述）。在证据的可信性问题上法官发生错误也有三种可能：其一是囿于个人能力，对已有证据没能进行正确的分辨，没有意识到并排除证据间存在的矛盾（比如云南杜培武案和湖北佘祥林案中就都存在诸多矛盾证据），对现有证据对待证事实证明力的充分性问题存在认识偏差，等等；其二是由于出现新的证据致使先前基于旧证据认定的案件事实出现错误（比如在二审中发现新证据足以推翻一审判决的情形）；其三是法官根据经验法则进行的正常心证后来被认为不符合事实，随着人（法官）的认识能力和司法技术水平的提高，从前心证的瑕疵被暴露出来（该情形可能会涉及推定方法的运用）。笔者认为，由于认识能力的有限性所造成的错误是正常的，也是可享受“究责豁免”的（当然包括推定的运用）。所以，对于可采性问题上的第一种情形可以按错案对法官予以究责；可采性问题上的第二种情形以及可信性问题上的第一种情

〔1〕赵信会：《民事推定及其适用机制研究》，法律出版社 2006 年版，197～199 页。

形，作为法官考核不称职范围，以弹劾方式处理；可采性问题上的第三种情形以及可信性问题上的后两种则不应包括在法官被追究的责任范围之内。

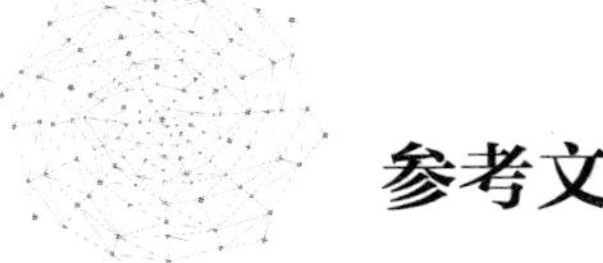

参考文献

（中文按作者姓氏拼音首字母序，英文按作者姓氏首字母序）

一、中文著作：

1. 陈朴生：《刑事证据法》，三民书局 1979 年版。

2. 陈聪富：《因果关系与损害赔偿》，北京大学出版社 2006 年版。

3. 陈界融：《证据法：证明负担原理与法则研究》，中国人民大学出版社 2004 年版。

4. 陈浩然：《证据学原理》，华东理工大学出版社 2002 年版。

5. 褚福民：《刑事推定的基本理论——以中国问题为中心的理论阐释》，中国人民大学出版社 2012 年版。

6. 邓子滨：《刑事法中的推定》，中国人民公安大学出版社 2003 年版。

7. 方金刚：《案件事实认定论》，中国人民公安大学出版社 2005 年版。

8. 孔祥俊：《司法理念与裁判方法》，法律出版社 2005 年版。

9. 王洪：《司法判决与法律推理》，时事出版社 2002 年版。

10. 王学棉：《诉讼证明原理研究》，中国电力出版社 2013 年版。

11. 叶自强：《民事证据研究》，中国社会科学出版社 2007 年版。

12. 雍琦主编：《法律适用中的逻辑》，中国政法大学出版社 2002 年版。

13. 张少林：《刑事证据的运用》，中国方正出版社 2003 年版。

14. 张绍谦：《刑法因果关系研究》（第 2 版），中国检察出版社 2004 年版。

15. 张保生：《法律推理的理论与方法》，中国政法大学出版社 2000 年版。

16. 赵信会:《民事推定及其适用机制研究》，法律出版社2006年版。

17. 朱平:《无罪判例名案精析》，群众出版社2004年版。

18. 周枏:《罗马法原论》，商务印书馆1994年版。

二、中文译著:

1. ［奥］维特根斯坦:《逻辑哲学论》，郭英译，商务印书馆1985年版。

2. ［波］齐姆宾斯基:《法律应用逻辑》，刘圣恩等译，群众出版社1988年版。

3. ［德］卡尔·拉伦茨:《法学方法论》，陈爱娥译，商务印书馆2003年版。

4. ［德］莱奥·罗森贝克:《证明责任论》，庄敬华译，中国法制出版社2002年版。

5. ［德］卡尔·恩吉施:《法律思维导论》，郑永流译，法律出版社2004年版。

6. ［德］罗伯特·阿列克西:《法律论证理论——作为法律证立理论的理性论辩理论》，舒国滢译，中国法制出版社2002年版。

7. ［荷］伊芙琳·T. 菲特丽丝:《法律论证原理》，张其山、焦宝乾、夏贞鹏译，商务印书馆2005年版。

8. ［美］乔恩·R. 华尔兹:《刑事证据大全》（第2版），何家弘等译，中国人民公安大学出版社2004年版。

9. ［美］理查德·A. 波斯纳:《证据法的经济分析》，徐昕、徐昀译，中国法制出版社2004年版。

10. ［美］尼古拉·雷舍尔:《推定和临时性认知实践》，王进喜译，中国法制出版社2013年版。

11. ［美］史蒂文·J. 伯顿:《法律和法律推理导论》，张志铭、解兴权译，中国政法大学出版社1998年版。

三、中文期刊论文

1. 何家弘:“论司法证明中的推定”，载《国家检察官学院学报》2001

年第 2 期。

2. 胡志坚:“运用证据认定案件事实问题研究”,载《西南政法大学学报》2007 年第 2 期。

3. 黄凯斌:“间接证据理论的分析”,载《中山大学学报论丛》2004 年第 4 期。

4. 龙宗智、衡静:“直觉在证据判断中的作用”,载《证据学论坛》2001 年第 1 期。

5. 劳东燕:“认真对待刑事推定”,载《法学研究》2007 年第 2 期。

6. 劳东燕:“推定研究中的认识误区”,载《法律科学(西北政法学院学报)》2007 年第 5 期。

7. 李富成:“刑事推定中的利益分析”,载《西南政法大学学报》2006 年第 2 期。

8. 毛淑玲:“定案方法的逻辑基础”,载《黑龙江省政法管理干部学院学报》2006 年第 6 期。

9. 毛淑玲:“证据相关性与充分性的逻辑判定”,载《哈尔滨工业大学学报(社会科学版)》2007 年第 3 期。

10. 毛淑玲:“错案之错因与责任方式分析——基于法律逻辑学的视角”,载《辽宁警专学报》2007 年第 1 期。

11. 齐树洁、王晖晖:“证据法中的推定问题研究(一)”,载《河南公安高等专科学校学报》2002 年第 2 期。

12. 齐树洁、王晖晖:“证据法中的推定问题研究(二)”,载《河南公安高等专科学校学报》2002 年第 3 期。

13. 孙光宁、武飞:“‘决断性虚构’何以成立——法律拟制及其原因解析”,载《甘肃理论学刊》2006 年第 5 期。

14. 孙宁华、李群:“刑事推定与被告人的抗辩责任”,载《西南政法大学学报》2004 年第 1 期。

15. 魏加科:“论经验法则在事实认定中的作用——民事审判中的实证研究”,载《辽宁教育行政学院学报》2005 年第 9 期。

16. 谢晖:“判例法与经验主义哲学”,载《中国法学》2000 年第 3 期。

17. 袁坦中:“前理解、直觉与诉讼证明”,载《求索》2004 年第 11 期。

18. 张继成："'真'的有效性证明标准"，载《政法论丛》2005年第5期。

19. 张继成："事实推定的逻辑基础"，载《北京科技大学学报（社会科学版）》2002年第2期。

20. 张成敏："论无罪推定的逻辑基础"，载《中山大学学报（社会科学版）》2003年S1期。

21. 张小天："因果关系在相关关系上的表现：一个基于其含义的分析"，载《浙江大学学报（社会科学版）》1994年第2期。

22. 张小天："因果关系与相关关系：它们的关系及它们的差异"，载《社会学研究》1992年第3期。

四、外文文献

1. Adrian Keane, *The Modern Law of Evidence*, London: Butterworth press, 2000.

2. Alan Taylor, *Principles of Evidence*, Cavendish Publishing Limited, 2000.

3. Cross, Sir Rupert, *Cross on Evidence*, London: Butterworth, 1990.

4. David A. Binder, Paul Bergman, *Fact Investigation: from hypothesis to proof*, West Publishing Co. Press, 1984.

5. Douglas Walton, *Pennsylvania: Legal Argumentation and Evidence*, University Park, Penn State University Press, 2002.

6. Edmund Morris. Morgan, *Some Problems of Proof under the Anglo-American System of Litigation*, Praeger: ABC-CLIO press, 1956.

7. Francis H. Bohlen, "The Effect of Rebuttable Presumptions of Law upon the Burden of Proof", *University of Pennsylvania Law Review*, 1920.

8. J. Wigmore, *Evidence*, West Publishing Co. 1940.

9. Kenneth J. Vandevelde: *Thinking Like a Lawyer: An Introduction to Legal Reasoning*, Westview Press, 1996.

后　记

本书是在我的博士学位论文的基础上修改完成的。

时至今日，博士论文的完成已经过去了整整十年。

十年的时间，我的生活发生了巨大变化。回想 2008 年夏天，花甲之年的父母从大连乘火车赶到北京，参加了我在人民大学的毕业典礼，那时，春风得意的我内心何其幸福。然而三年后的春天，命运给了我重重一击，我深爱的母亲被病魔夺去了生命，从此，悲伤与哀痛也永远驻在了我的心里。

十年的时间，社会发生了太多更迁，法治建设在不断推进，法学研究也有了长足发展，有关“推定”问题的期刊论文数量大幅增长，学术专著部数从个位上升至十位、百位。

此去经年，不胜唏嘘。

如今重拾话题，欲以“推定原理研究”为名将文稿交付出版，委实名不副实、大题小做了，唯为追忆一段过往岁月，纪念一段思想历程而已。

当年，我将论文选题圈定为“推定”时，得到了导师何家弘先生的认可和鼓励，从提纲的撰写到开题报告中的论证，先生都给予了悉心的指点，论文的初稿更得到了先生细致的修改。推定是一个内涵丰富的课题，真正的研究必是一个系统化工程，我深知以自己的薄学浅识根本无法完成。但是，学生总是要交考卷的，三年的学习总要给导师、给家人也给自己一个交代，所以尽管拙劣，论文还需按时提交。何先生以其学术之上的严格及学术之外的宽容，使得我在写作屡现举步维艰之时，常有豁然开朗、柳暗花明的顿悟，如期完成了一生中也许是最长的一篇作业。

先生是有思想、有学问、有能力、有情趣的人。这些年来，我从先生那里感悟了许多无形而有力的东西——思维之睿智严谨、学识之博广精深、为人之刚正善良，它们无疑会影响我的一生。

其实，能做先生的弟子，有荣耀也有压力，我常常为自己的“无为”而深感惭愧。如今我也快到知天命的年龄了，希望“无为”的自己可以做好自己。

毛淑玲

2018 年 12 月